LIDERAZGO SALUDABLE

Socialización y Salud Mental Positiva en el Trabajo

Dr. José Luis Calderón Mafud

Liderazgo Saludable, Socialización y Salud Mental
1ª Edición . Febrero de 2020

D.R. © 2020
José Luis Calderón Mafud
Email: joseluis.calderon@domind.com.mx

Printed and made in México
Impresión y diseño por **Impresión A**
(312) 330.66.58 · *losimpresiona@gmail.com*

Gestión, representación y dirección de esta edición:

Editorial PIENSO *en Latinoamérica*
Av. Chapultepec Nte. 15 piso 23, Colonia Ladrón de Guevara
CP. 44600 Guadalajara, Jal., México TEL: +52 (33) 4160-2066

ISBN 978-1-71601-158-0

LIDERAZGO SALUDABLE

Socialización y Salud Mental Positiva en el Trabajo

Dr. José Luis Calderón Mafud

Editorial **PIENSO** *en Latinoamérica*

DEDICATORIA

Para Viviana, Mateo y Camila con amor

AGRADECIMIENTOS

Agradezco y dedico este libro al Dr. Manuel Pando Moreno quien con su mentoría y acercamiento a la investigación en la salud mental ocupacional me permitió darle un sentido humano a la investigación.

A la Maestría en Ciencias de la Salud Ocupacional de la Universidad de Guadalajara por la valiosa oportunidad de aportar desde el comportamiento organizacional a la salud de los trabajadores.

A los Ing. Arturo Tronco Guadiana y Gustavo Meade Gómez, gracias por la confianza y el espacio para conversar, aprender y entender el liderazgo en ambientes y con situaciones reales.

A la empresa Peña Colorada por el valioso apoyo y la enorme apertura para impulsar la investigación y el desarrollo de mejores prácticas para el bienestar de sus trabajadores.

A PIENSO A.C. por su generosidad de incluirme como investigador y docente.

RESEÑA DEL AUTOR

Originario de la Ciudad de México, se dedica a la docencia, investigación y consultoría organizacional desde hace más de 20 años. Cuenta con estudios de licenciatura en psicología, Diplomados en Seguridad Industrial y en Calidad y Productividad, maestría en Desarrollo Organizacional, cuenta con el doctorado en Psicología por la Facultad de Psicología de la Universidad de Colima, cuenta con la Mención Honorífica por la aportación de su investigación doctoral. Realizó un Post Doctorado en Liderazgo y Salud Mental Positiva en el Trabajo y el segundo en Organizaciones Saludables y Modelo de Coaching Cognitivo Conductual para la Salud Ocupacional en la Universidad de Guadalajara.

Ha trabajado en diversos puestos relacionados con el Desarrollo Organizacional y la Gestión de Recursos Humanos en empresas públicas y privadas desde hace más de 20 años, así como en la consultoría en Desarrollo Organizacional en México y Latinoamérica. Cuenta con especializaciones en el área de Seguridad Industrial, Calidad y Productividad.

Actualmente se desempeña en las Universidades de Colima y Guadalajara como profesor e investigador y es Investigador Nacional (SNI-CONACYT) con Publicaciones en revistas indexadas y arbitradas, así como libros, capítulos de libros sobre Cultura Organizacional, Liderazgo y Salud Mental Positiva en el Trabajo. Es miembro del Comité Científico de la OMS (ICOH) para Riesgos Psicosociales en el Trabajo, del Programa de Investigación en Salud Ocupacional (PIENSO) y del REMINEO (Red Mexicana de Investigación en Estudios Organizacionales).

Es Consultor Director en Domind Desarrollo Organizacional, especializándose en el desarrollo de competencias de liderazgo e integración de equipos. Actualmente se desempeña como Profesor en el Doctorado en Ciencias de la Salud Ocupacional de la Universidad de Guadalajara, en el Doctorado Interinstitucional en Psicología y en la Facultad de Psicología de la Universidad de Colima.

Es autor de más de 20 artículos publicados en revistas de difusión y arbitradas en psicología. Ha sido ponente y conferenciante en diversos congresos nacionales e internacionales sobre temas de psicología organizacional y salud ocupacional.

Ha realizado numerosas investigaciones sobre Liderazgo, Socialización y Psicología Positiva (Capital Psicológico, Work Engagement y Salud Mental Positiva en el Trabajo) y es creador del modelo de Liderazgo, Socialización y Salud Mental Positiva, del Coaching Cognitivo Conductual para la Salud Mental Positiva. Autor de diversos capítulos en libros y, del libro "Liderazgo Saludable, Socialización y Salud Mental". Ha validado instrumentos psicométricos como la Escala de Conflicto Organizacional (ECO) y el Cuestionario de Factores Psicosociales en el Trabajo (CMFPT).

INDICE

PRÓLOGO

A lo largo de mi carrera profesional o incluso de mi vida personal desdeñé con frecuencia el tema del liderazgo por considerarlo un concepto de poco valor científico o que no reunía las características de aquellas variables trascendentales que la psicología suele utilizar para explicar los grandes fenómenos de la conducta y la mente de las personas; las explicaciones que rondaban sobre la autorregulación, la autoeficacia (confianza en sí mismo) y el aprendizaje eran mucho mas eficientes para mí a la hora de explicar lo que ocurre en las organizaciones y los diferentes caminos que llevan a la productividad y al bienestar de las personas.

Fue a través de mi investigación doctoral, en donde pude abordar el aprendizaje de la cultura organizacional, y en todo el recorrido posterior que he hecho como investigador en donde pude descubrir gracias a la orientación de Manuel Pando, que la mayor parte de los caminos en la organización terminan en el liderazgo.

La socialización organizacional o el abandono del trabajo, el bienestar o el estrés laboral, el work engagement o el burnout, estados positivos y negativos, todos pasan en buena medida por las decisiones y conductas de los líderes de las organizaciones. El aprendizaje consciente o la imitación de un modelo exitoso para la organización son en buena medida formas en que las personas adoptan una forma cultural, o costumbres que les hacen parte de la organización o les excluyen. También las decisiones razonadas y empáticas tienen efecto en la salud de los trabajadores, en sus ascensos o a veces en situaciones que terminan por influir en la vida personal y laboral a largo plazo de un trabajador o de cientos de ellos.

Hace varios años que me desempeño como asesor de desarrollo organizacional en una importante compañía minera y recuerdo con claridad como me era imposible entender como científico cuales eran los objetivos de un programa de desarrollo que se me solicitaba, hasta que el director de recursos humanos me lo dijo en una sola frase: José Luis, sólo quiero que quieran ser mejores personas para sí mismos y para sus familias. Tres interrogantes obtuve de esa conversación, primero preguntarme que significa para quienes somos profesionales y científicos del comportamiento lo que es ser mejores para sí mismos; segundo, como podríamos conseguir ese objetivo de forma realista y concreta; finalmente, que tipo de líderes toman decisiones de esta naturaleza, en lugar de aspectos de productividad o capacidades técnicas.

Las tres preguntas son la base que he tratado de responder en estos años de investigación y a través de este libro. Por ello en este libro exploro la constante búsqueda de potencial humano en las organizaciones a través de crear una ecología organizacional positiva, un ecosistema útil para el desarrollo. Explico como es que la Salud mental que es una palabra rehuída en el ámbito laboral, cuando la estudiamos desde su visión positiva se convierte en eso que buscamos largamente y que las personas que trabajan pueden desarrollar también de forma plena. Salud mental positiva es equivalente a funcionar de manera óptima y tiene múltiples beneficios de largo plazo para las personas.

También abordé como el proceso de socialización organizacional, relevante para las culturas exitosas, es la base para que exista un Liderazgo Saludable, integrador y que considere que las comunidades, el medioambiente y la salud de las personas son los límites para las acciones y las formas de dirección e influencia. Este proceso es vital para transmitir lo valioso o lo negativo de las prácticas culturales y de cualquier forma su resultado mas importante es la integración, pieza clave del sentir humano de pertenencia, inclusión y crecimiento.

Finalmente, afirmo que el liderazgo cuenta mucho para unir ambas visiones. El liderazgo influye de forma permanente en la experiencia laboral de las personas y de los mismos líderes de muchas maneras diferentes, ignorarlo u obviarlo por soluciones academicistas no elimina su influencia y la enorme capacidad que este proceso psicosocial tiene para influir en la vida de las personas. Es a través de este proceso que la organización modela y transmite, moldea y corrige las experiencias laborales satisfactorias, cercanas al bienestar y deja una profunda huella en los grupos de personas que tienen el privilegio de participar junto a líderes cercanos a sus normas morales, a un nivel elevado de conciencia de sí mismos, y en general a formas de influencia humanas y porque no decirlo, saludables.

José Luis Calderón Mafud
Colima, Colima. México 2020

INTRODUCCIÓN

En este libro, el lector encontrará información valiosa acerca de la relación psicosocial de las personas en las organizaciones actuales. A lo largo de los capítulos, la obra, si bien es breve, contiene muchas evidencias acerca del funcionamiento mental, social y organizacional de los individuos que colaboran en organizaciones. Este libro dedicado a líderes que quieren obtener no un modelo que repetir, sino un entendimiento científico y amplio para crear potencial y mantener el bienestar, abunda en el funcionamiento óptimo de las personas

El primer capítulo está enfocado en describir la salud mental positiva en el trabajo como un estado deseado por todos quienes gestionamos personas en las organizaciones, debido a que se caracteriza entre otras cosas por un funcionamiento óptimo, competencias y confianza en sí mismo. También describe que hay aspectos como la socialización y el compromiso organizacionales, que forman una ecología para el talento humano, o sea, un medio ambiente propicio.

Dentro del mismo capítulo, también se describe el contexto actual de las organizaciones y en general del contexto económico en México. A través de las estadísticas de abandono de empleo y precariedad laboral, además de reflexionar sobre los cambios en las organizaciones, las nuevas formas de control laboral y estilos de liderazgo o gestión bajo presión, se muestra un entorno limitado, que sólo permite funcionar a baja capacidad.

En el capítulo 2, explico los conceptos y funcionamiento de la salud mental positiva ocupacional y el talento humano, y como estos dos fenómenos permiten a los líderes y gestores un entendimiento científico y amplio para crear potencial y mantener el bienestar de las personas. Se explica a detalle cómo funciona el potencial humano en las organizaciones y las estrechas relaciones entre la salud mental positiva, el bienestar y la productividad.

La Socialización Organizacional es el capítulo 4, en este apartado respondo a preguntas sobre los efectos de la interacción psicosocial en el funcionamiento humano, y de forma muy explícita abundo en la importancia y los mecanismos de adaptación a las organizaciones.

Finalmente, a través de un recorrido paso a paso por los modelos de liderazgo recientes, hago un análisis del modelo de liderazgo auténtico y propongo el liderazgo saludable como un efecto de la responsabilidad, la autorregulación, el pensamiento crítico, la capacidad de integración y la autoconciencia.

Para mí es valioso mostrar como el liderazgo saludable establece una orientación a un mundo más complejo, en donde se puede cumplir con generar bienestar y con los logros organizacionales.

Conozcamos como, a través de aprovechar el potencial y la flexibilidad para cooperar interactuando, las personas podemos construir y dar lo mejor de nosotros a las organizaciones, a nuestras comunidades y familias.

CAPÍTULO I

LA BÚSQUEDA DEL POTENCIAL HUMANO

La salud mental positiva en el trabajo es un estado deseado por todos quienes gestionamos personas en las organizaciones. Al decir que una persona se encuentra en un nivel elevado de SMPO (Figura 1), podemos afirmar que funciona óptimamente y ha conseguido clarificar y desarrollar fortalezas, de tal forma que ha logrado empoderarse en su trabajo. Esa persona ha creado una red de relaciones interpersonales positivas (no necesariamente para divertirse), que le sirven como apoyo para afrontar el estrés cotidiano o situaciones que no le son posible resolver por su cuenta (Bakker, Rodríguez-Muñoz; Derks, 2012; y Rossi, 2015).

Figura 1. Alto potencial y salud mental positiva

Una de las cosas que alguien con un nivel alto de funcionamiento óptimo posee, son competencias y confianza en sí mismo, que le consienten tomar decisiones sobre su trabajo, aportar ideas novedosas y llevarlas a la práctica; algunos autores le han llamado capital psicológico (Luthans, Luthans y Luthans, 2004). En general, tiene cosas positivas sobre sí mismo y su empleo, también se conduce de forma segura y activa, concentrado en objetivos que le generan beneficios a él y a los demás. O sea que, esta persona es alguien que ha desarrollado y está constantemente aumentando su potencial. Profesa una filosofía única de trabajo, tiene talento y lo expande de manera positiva (Oramas, 2013).

Esta es la meca de la gestión del talento humano desde hace décadas, es decir que, para poder desarrollar el potencial que buscamos (Collins, Scullion y Vaiman, 2015; y Thunnisen, 2016), las personas no pueden hacerlo solas, necesitan un entorno, una ecología que les admita crecer y desarrollarse; sin embargo, un individuo que está funcionando óptimamente es, y será la finalidad de la gestión de personas porque son sujetos motivados, productivos, bien relacionados, altruistas y proactivos en el trabajo. Esto no significa que sean genios, simplemente representa que ellos dan y experimentan lo mejor de sí mismas. En ellas es común el work engagement (Bakker & Albrecht, 2018), que significa que son absortos y dedicados a sus trabajos, sin necesidad de hacerse adictos al mismo. Tienen una energía que contagia a los demás, o al menos es visible (figura 2).

Figura 2. Factores que componen el work engagement.

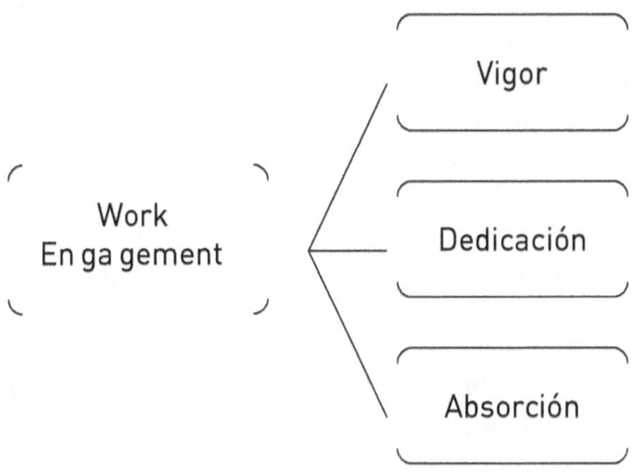

Es común que estas personas tengan metas claras y definidas, establezcan pasos para llegar a ellas y saben contrastar y salir adelante de los problemas que se les presentan, en conclusión, tienen niveles elevados de capital psicológico (Siu, Cheng, Liu, 2015).

Adhesión emocional y respeto por las normas del trabajo (Meyer & Allen, 1991), o lo que llamamos compromiso organización; lo mejor de todo es que no desean irse de la empresa, sino que buscan formas de crecer dentro de ella (Belias, Koustelios, Sdrolias y Aspridis, 2015). Sus niveles de confianza les proveen cierta protección frente al estrés cotidiano que todos inevitablemente enfrentamos en la actualidad (Yu,

Wang, Zhai, Dai & Yang, 2015). Pero este sujeto no va a aparecer solo, no podría surgir si no hubiera factores que lo permitieran, este ser humano óptimo no es resultado de sí mismo y de sus capacidades en exclusiva, depende también de entornos y factores que, de no emerger, opacan el posible talento; esto es justo a donde se desea llegar con este libro. Se quiere mostrar cómo las empresas deben de fabricar tanto un entorno, como un medio ambiente especial para que germinen las aptitudes. Si bien es cierto que los individuos deben dar lo mejor de ellos, sabemos que necesitan las condiciones adecuadas para que esto ocurra.

El funcionamiento óptimo es buscado con mucha frecuencia a través de satisfactores materiales y económicos, sin duda lo son y su necesidad tiene que ver con el trabajo digno, sin embargo, muchas investigaciones han demostrado lo importante que son aspectos como la socialización organizacional y el compromiso organizacional.

Se sabe que los trabajadores que experimentan un proceso de socialización efectiva y constante consiguen adaptarse a la organización, a través de la creación de vínculos afectivos con sus compañeros, los cuales facilitan que acepten, aprendan las normas y costumbres; en suma, la cultura organizacional. (Calderón, Laca, Moreno y Cabrera, 2015; y Calderón, 2016). Y no sólo eso, aspectos como la forma de afrontar los conflictos, piedra angular de la vida organizacional (Hall, 1996), se puede concluir que los estilos de gestión de conflictos podrían ser parte de los conocimientos que se aprenden para adaptarse a la organización. Con esto, se mejora el desempeño en el trabajo y se permite que los miembros de una organización aprendan a elegir los estilos adecuados a su estatus, rol y equipo de trabajo. Se adaptan y disminuyen el desgaste y la incertidumbre de cometer errores y no participar de la cultura organizacional.

Afirmar, primero, que la socialización organizacional influye en la formación del compromiso afectivo y normativo de los miembros de una organización, a través del entrenamiento, el apoyo de los compañeros, las perspectivas de futuro y la comprensión (Figura 3). En segundo lugar, que la socialización organizacional interviene en la elección de los estilos de gestión del conflicto, principalmente a través del apoyo de los compañeros conseguido durante la socialización. Desde el punto de vista empírico, esto significa que desde las experiencias de socialización por las que atraviesan los trabajadores, se genera la identificación e implicación con la cultura organizacional (creencias, tradiciones, normas y costumbres), así como el conocimiento necesario para calcular la adaptación a la interacción social.

Figura 3. Correlación entre socialización y
compromiso organizacional

La realidad es que, en la actualidad hay poca existencia de esos entornos. En su lugar hay un medio ambiente hostil donde el individuo no socializa ni al principio, ni después (y aquí no se refiere a esa parafernalia googlera de inventar fiestas temáticas para que la gente se conozca, se habla de permitir que los individuos dominen los procesos de trabajo dentro de la socialización adecuada y normativa). Lo común es que por negligencia o estar bajo presión, los líderes en ocasiones, sean poco transparentes y en general no estén conscientes que son ellos los vehículos de la cultura, aquellos que facilitan el desarrollo de una ecología organizacional de la salud mental positiva en el trabajo.

UNA ECOLOGÍA PARA EL TALENTO HUMANO

La ecología es un entorno, un medio ambiente propicio para una especie, y en el caso que nos ocupa, nuestra especie es el miembro de de organizaciones. Hoy es un colaborador de un entorno social complejo, que cuenta con una cultura más o menos estable, llena de recovecos, en donde las costumbres y creencias están marcadas por los procesos de la empresa. Por ejemplo, una empresa minera determinará costumbres sobre cómo trasladarse o vivir en un campamento. O en el caso de una empresa que se dedica a la extracción de petróleo en plataformas, podrá crear en sus trabajadores hábitos relacionados con subsistir mucho tiempo fuera de casa y de la familia.

Uno de los factores más importantes en este ambiente es la influencia de los líderes, y aunque se abundará más ampliamente en capítulos siguientes sobre ello, es necesario plantear aquí que el liderazgo es una fuerza, un proceso que hace que las conductas y la cultura se adopten por modelamiento. El liderazgo como proceso, hace que la organización se movilice al influenciar la conducta de los seguidores. Los líderes les brindan una forma de activación al orientarlos a una meta, los mantienen en movimiento hacia ella a través de la retroalimentación y el reconocimiento, ya sea a través de la corrección, o de sanciones.

Mucho se ha escrito y dicho sobre el liderazgo, pero hoy al menos se podría afirmar que, en organizaciones abiertas y complejas, el liderazgo funciona cuando las personas se muestran auténticas y respetan sus propias creencias y valores, sin intentar ser otros. Por supuesto que tampoco pretende hacer que los demás sean como él. El líder auténtico no es alguien desequilibrado y, por ende, no desequilibra. Es auténtico, transparente, todos saben en qué basa sus decisiones, aunque no siempre se esté de acuerdo con él. Necesita tener habilidades específicas, es alguien inteligente que tiene niveles elevados de capital psicológico, piensa antes de actuar y va trasladando su conocimiento y la capacidad de tomar decisiones a su personal; los ve como gente que puede crecer, y no como obstáculos.

Estos líderes facilitan que aparezcan las relaciones de apoyo y no la división, brindan la confianza para que se dé y reciba el entrenamiento, y sobre todo para que los otros individuos se empoderen en sus puestos. Son líderes que respetan a sus trabajadores y a su empleo, tratan siempre de disminuir la incertidumbre frente al error. Es un liderazgo que interconecta a la organización en lugar de dividirla, que permite que los demás trabajen en equipo porque no se siente intimidado por ellos, que conduce la energía de la estrategia a donde va, porque consiente que los cambios culturales llegan rápido, no se guarda información y prepara a su equipo para ello. El liderazgo funciona a través de la socialización para conectar a todos consigo mismos y con la cultura organizacional, y es en ese medio donde el talento puede aparecer, sentirse seguro y confiado.

La confianza que una persona siente en el medio social donde se desarrolla, es sin duda un objetivo y meta para los gestores de personas, ya sean industriales, tecnólogos, etcétera. Nadie dice que sea fácil, el estrés que produce el trabajo está, y estará ahí siempre. El trabajo es cansado, se sabe que desgasta, fatiga y separa individuos, pero también da satisfacciones, al brindar una identidad a nuestra sociedad. Un empleo debe de tener la protección extra que hay frente al estrés, así como un líder positivo, que tal vez no quita la fatiga, pero da la sensación de que no importa lo grave de los errores, permitiendo ese apoyo entre compañeros para que juntos puedan crecer.

Sin embargo, todas estas reflexiones parten de analizar cómo es la realidad actual del trabajo y desarrollar un acto concienzudo de análisis respecto a los factores que actualmente pueden o no crear las condiciones ecológicas para el desarrollo saludable. Las condiciones de estabilidad, volúmenes de trabajo y otros factores son parte de clave para entender como es el mundo del trabajo actualmente y porque es importante pensar en formas saludables de actuar. En seguida revisaré algunos aspectos que considero fundamentales antes de avanzar sobre aquellos aspectos que crean la salud mental positiva.

ABANDONO DE EMPLEO Y PRECARIEDAD LABORAL

Mucho se habla sobre lo vertiginoso e inestable que resulta el ambiente económico y de competencia en el que las organizaciones se desenvuelven, sin embargo, a la hora de precisar cómo son esos cambios y el ambiente organizacional se establecen diferencias para cada entorno. Abordarlas es importante porque constituyen un análisis específico de las condiciones de salud física y mental en que las personas trabajan y desarrollan sus vidas profesionales.

De acuerdo con la información publicada por el gobierno de México, a través del Instituto Nacional de Estadística y Geografía (INEGI), y la Secretaría de Trabajo y Previsión Social (STPS), en el 2010 más de treinta millones de personas (31 416 769) tuvieron un empleo de tiempo completo; significa que laboraron desde 35, hasta más de 48 horas a la semana. Este país no se considera una economía altamente industrializada, sin embargo, más de 38 millones de personas en México (38 752 542) trabajaron contratados, o como propietarios en micro, pequeñas y medianas empresas, además de grandes establecimientos. Los individuos que trabajan como empleados en empresas, negocios e instituciones públicas y privadas, son cerca de 28 millones (27 933 748). Se sabe que las relaciones de trabajo son caracterizadas en parte, por el salario y la jornada de trabajo, además de tener influencia en la calidad de vida de los trabajadores (Parra, 2003). De acuerdo con el libro de hechos de la Organización para la Cooperación y Desarrollo Económicos (OCDE) del 2014, los mexicanos trabajan alrededor de 2000 horas al año, siendo uno de los siete países con más horas laboradas. En cuanto al salario, se menciona en el estudio de Belser y Sobeck (2012), que México ocupa el lugar 58 a nivel mundial en salarios promedio, con 609 dólares (aproximadamente ocho mil diecinueve pesos, actualmente); asimismo, tiene el salario mínimo más bajo del continente americano.

Las condiciones y relaciones laborales tienen muchas implicaciones, sin embargo, el reporte de Productividad y Condiciones de Trabajo Decente en México (OIT, 2014), indica que el empleo (formal), los salarios, y las condiciones generales de trabajo, se han visto afectados negativamente desde hace dos décadas. Por ende, la productividad del país se ha estancado, lo que limita el crecimiento económico, el desarrollo social y la competitividad. En cuanto a las organizaciones en México, en general son un ambiente precario en su capacidad de brindar satisfacción de las necesidades de sus trabajadores, situación que origina que las personas tengan altos niveles de estrés laboral, pierdan el empleo por no poder aprender lo necesario para conservarlo, o decidan abandonarlo por no satisfacerles. Como evidencia de este hecho, se encontró que muchos de los empleados promedio, en algún momento lo abandonan por las diferentes causas aquí mencionadas (Griffeth y Hom, 2001).

Así pues, estos individuos deciden dejar sus empleos por decisión propia, presiones familiares, laborales, o de otra naturaleza. Entre las principales causas de abandono, está la necesidad de encontrarse más satisfecho con el entorno laboral (deseaban más remuneración y/o ascenso y superación: 1,285); seguido del objetivo de seguir estudiando (1,291); o porque las condiciones laborales se deterioraron o implicaban riesgos (1,149). Finalmente, aquellos que tuvieron conflictos laborales o con los superiores fueron menos, pero deben considerarse (772), por la importancia del conflicto para las organizaciones (Hall, 1996). En cuanto a estas carencias, cabe mencionar que en el 2010, de los casi 45 millones (44 651 832) de mexicanos que tuvieron un empleo, no gozaron de condiciones de trabajo óptimas para realizar sus actividades, a su vez, 28 millones no percibieron acceso a servicios de salud. Se puede considerar que los trabajadores mexicanos laboran en condiciones de precariedad (Oliveira, 2006), y se ha estudiado que esto tiene fuertes repercusiones en la salud debido al estrés causado por ellas.

Otros factores que contribuyen con los malestares de estrés en el trabajador, son el desempleo o el riesgo de perderlo. Aunque este dato no genera estadísticas oficiales, sí se identifica que la pérdida del empleo es el primer paso para la desocupación abierta, además genera una tensión para la conservación del empleo, así como la necesidad de ajustarse a las organizaciones donde se desempeñan. El hecho de que se haya decidido abandonar un empleo, indica que no se pudo ajustar a las condiciones de la organización, o que esta fue incapaz de integrarlos. Precisamente, la socialización organizacional es el proceso de aprendizaje sociocognitivo, que facilita la adaptación a la organización, por lo que es el proceso más importante en la actualidad para las organizaciones.

En las empresas, los individuos experimentan varios estados psicológicos que están relacionados con el aprendizaje social y la formación de creencias sobre el trabajo. Cuando el proceso de aprendizaje es exitoso, conduce casi siempre a la autorrealización, y derivado de esta motivación por el trabajo realizado, se genera un estado de satisfacción y bienestar laboral. Sin embargo, las condiciones de empleo, como la estabilidad, el salario, y el acceso a beneficios sociales y de salud, imponen restricciones al bienestar laboral de las personas, ya que se carece de certeza en poder satisfacer las necesidades básicas; aunque muchas organizaciones buscan minimizar la incertidumbre causada por influencias externas e internas, esta no puede ser eliminada por completo.

Entre las proyecciones internas se pueden contar las metas de trabajo, la presión hacia la uniformidad, la cantidad de trabajo a realizar y las jornadas de trabajo; en las externas, la presión de los candidatos a ocupar un puesto, presión económica, endeudamiento de las propias organizaciones y amenaza de nuevos competidores. En este contexto, se aclara que no se trata de asumir que toda la experiencia de los individuos en las organizaciones es altamente estresante, y que estos se ven sujetos a presiones que los enferman, sino de identificar que los trabajadores enfrentan situaciones de incertidumbre y ansiedad tanto en su ingreso, como en la permanencia dentro de las organizaciones, asimismo, que tales situaciones se desarrollan a la par y en ocasiones, son parte del proceso de socialización organizacional.

CAMBIOS EN LAS ORGANIZACIONES

Por otro lado, la economía moderna cambió su orientación al enfocarse en la producción de servicios y en la administración del conocimiento, más que en la agricultura y la fabricación industrial. Actualmente, la información y el conocimiento son reconocidos como la base de la productividad y el crecimiento económico de los países. De acuerdo con diferentes estadísticas, el número de empleados que trabajan apoyados en aplicaciones de tecnologías de información y redes de comunicación, han aumentado considerablemente. La percepción del empleo se ha transformado generando diferentes efectos, entre ellos, que se pueda trabajar desde cualquier lugar y en cualquier momento, gracias a la proliferación de la tecnología y las formas de uso de la información.

Debido a esas mismas disposiciones tecnológicas, se demanda que los empleados reciban más capacitación, y por ende, poder introducir formas de trabajo más flexibles. Estas se han ordenado principalmente alrededor del espacio de trabajo físico, el uso de las TIC's, estructuras de organización novedosas, y cambios en la cultura del trabajo. Dichas medidas han generado beneficios para la productividad y la gestión de los procesos (horas y puestos de trabajo flexibles, trabajo a distancia y creación de puestos de trabajo), a través de tecnologías que les permiten estar siempre conectados en la medida de lo posible.

Además de lo anterior, en los últimos 30 años han ocurrido cambios muy importantes en los espacios de trabajo. La inserción y el crecimiento del uso de tecnologías de información, la globalización industrial, el constante rediseño de las estructuras organizativas, una mayor cantidad de trabajos subcontratados o tercerizados, y el aumento en la interferencia del trabajo en las familias debido a la presencia de las tecnologías, han implantado una forma completamente distinta de concebir el medio laboral, lo que ha llegado a crear efectos en la salud de las personas. Diversos textos e investigaciones han insistido en lo constante y vertiginoso de los cambios, pero difícilmente se pueden encontrar precisiones sobre la forma en que estos cambios ocurren y cómo influyen en los individuos. En este capítulo se muestran algunos de los cambios en las organizaciones y se reflexiona sobre su impacto a nivel psicológico, social y organizacional, para después pasar a definir un funcionamiento saludable de la organización.

Una de las características evidentes en los cambios de las organizaciones, es que ahora hay menos personas en los diferentes empleos. Esto genera que se procuren más sus respectivas actividades y que los empleados resientan niveles de incertidumbre elevados para conservar el trabajo, lo que conlleva a tener menos control sobre ellos. Naturalmente, los jefes y gerentes (línea media) son los que tienen más presiones para conseguir que su fuerza laboral sea productiva; esta influencia naturalmente se observa reflejada en un comportamiento hacia los empleados enfocado a la producción, y mayormente cargado de estrés. Hablar sobre el bienestar de los trabajadores y en general de las personas, ha constituido un área de enorme interés para las organizaciones en la última década. Sin embargo, las condiciones actuales indican que al menos existen tres contextos que impactan considerablemente en la forma que se da el trabajo.

En primer lugar, la inseguridad en el empleo creada por la tendencia a reestructurar constantemente la organización y reducir el número de personal, aumenta la cantidad de incertidumbre y ansiedad que suelen experimentar los trabajadores (Pollard, 2001; Worrall & Cooper, 1998). Principalmente, el proceso de socialización organizacional (encargado de que los trabajadores conozcan y se adapten a la cultura) se ve limitado, deteriorando a su vez el nivel de compromiso (work engagement) y propiciando la rotación del personal. Uno de los factores que inciden en la inseguridad percibida, es que los contratos temporales crecieron durante los últimos años (García-Guzmán, 2010). Para las organizaciones, el uso de trabajadores temporales es una estrategia que genera beneficios financieros y productivos, y como forma de gestión se ha diversificado incluyendo el arrendamiento de empleados, la externalización del trabajo o los contratos temporales.

Como resultado de estas prácticas, los trabajadores que se incluyen en estos sistemas tienen un papel más parecido a la prestación de servicios que al empleo, y experimentan relaciones con menos derechos, poca implicación en la cultura organizacional e inestabilidad laboral. Al elevarse la percepción de inseguridad laboral se eleva, el bienestar de los empleados se ve afectado, incrementándose, además, el ausentismo por enfermedad (Ccollana-Salazar, 2017; Vahtera, Kivimaki & Pentti, 1997).

El segundo aspecto que ha transformado el trabajo en la actualidad, son la cantidad de horas trabajadas y la manera en que se distribuyen dentro de la semana (figura 4). En las últimas décadas, la reorganización de los horarios de trabajo, ha sido una de las claves para que las naciones aumenten su productividad (Bosch, 1999). Esto es posible en parte, gracias a los avances tecnológicos, pero también se debe a que los empleadores exigen una mayor cantidad de tiempo o flexibilidad de parte de los trabajadores para cubrir demandas de funcionamiento, horarios estacionales y/o resolver problemas inesperados (OCDE, 1999). Los turnos de trabajo mayores a las ocho horas han aumentado (Rose, 1995), inclusive hay empleadores que comprimen la semana laboral para que se completen de 36 a 48 horas de trabajo, en tres y cuatro días, en lugar de cinco. Industrias como la minería, el transporte marítimo y la perforación petrolera, programan rutinariamente largos períodos de trabajo, seguidos de largos períodos de descanso, debido a que los cambios de personal no serían prácticos por las dificultades en las distancias de los sitios de trabajo.

Figura 4. Horas de trabajo por países.
Fuente: https://www.bbc.com/mundo/noticias-49411425

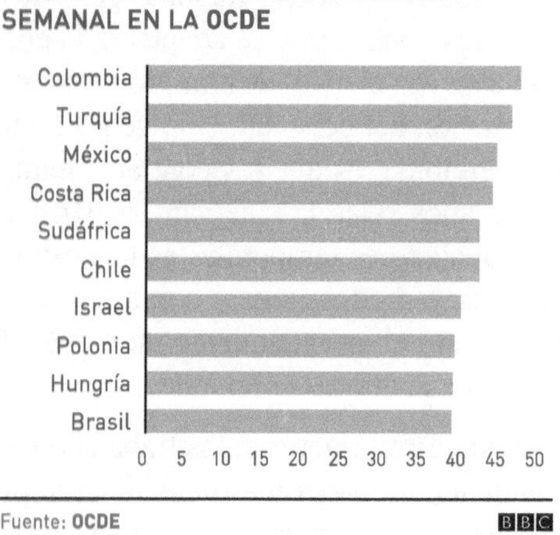

Los sistemas de trabajo flexible, ha generado con frecuencia aumento en la cantidad de horas trabajadas, superando las 2000 como en el caso de México (Maddison, 1995). Este efecto de los sistemas de trabajo (aumento de las horas de trabajo) en algunos países obedece a varios factores, pero en buena medida se debe a la tendencia de reestructuraciones y reducciones del personal en muchas organizaciones, aunado a la precariedad de los salarios.

Se sabe que los empleados que permanecen en una organización reducida, tienden a asumir cargas de trabajo elevadas, y consecuentemente horas adicionales al horario laboral para poder cumplir con las demandas adicionales (Worrall y Cooper, 1997). Por otra parte, la expansión del uso de las tecnologías de la información que facilita el procesamiento de información, también resultó en sobrecarga de actividades, e incrementó la ubicuidad y velocidad del ritmo de trabajo (Cooper y Jackson, 1997).

Además de la flexibilidad y la reducción de personal, y tal vez de forma mas importante, el estancamiento de los salarios y la disminución de niveles de ingresos reales ha generado que las personas aumenten sus jornadas laborales para compensar la pérdida de ingresos, cumpliendo con más de un empleo o trabajando horas extra (Bosch, 1999).

Es necesario mencionar que el rendimiento del trabajo en los turnos extendidos de diez a doce horas no es mejor, en cambio generan pérdidas y una mayor fatiga subjetiva. Los trabajadores prefieren estos horarios por la reducción de los desplazamientos de los días no laborables, para poder dedicarlos a sus compromisos personales (Rosa, Colligan y Lewis, 1989; y Poissonnet y Veron, 2000).

A pesar de las pérdidas, aún permanece el debate sobre la flexibilización de los horarios sin que interesen los menores niveles de estrés, mayor enriquecimiento laboral, autonomía, reducción del ausentismo y demoras, aumento de la satisfacción laboral, productividad, etcétera; para las empresas estos generan costos más altos, problemas en la programación y coordinación del trabajo, además de dificultades en la supervisión de los empleados, lo cual deteriora la cultura organizacional (Christensen & Staines, 1990; Pierce & Newstrom, 1983; y Dunham, Pierce y Castaneda, 1987).

CONTROL LABORAL

La cantidad de control que una persona experimenta en su trabajo, es uno de los factores que le permiten afrontar el estrés de manera favorable, sin embargo, en los últimos años, los sistemas de administración y las prop algunos empleados han percibido una pérdida gradual de control sobre su vida profesional y laboral. Aún quienes tienen puestos directivos, se ven continuamente rebasados por situaciones no controladas (Worrall & Cooper, 1998). Una baja percepción de control puede ser el resultado de otros factores, como lo es la propia inseguridad laboral, las demandas más exigentes de la productividad, y los cambios acelerados en el uso de las tecnologías. La posibilidad de sentir autonomía o "control percibido", se refiere a la cantidad de control que un individuo cree que tiene sobre su entorno, y que le permite hacerlo menos demandante o incluso, gratificante (Ganster y Fusilier, 1989).

Muchas de las investigaciones relacionan la presencia del control, con la salud y el bienestar (Averill, 1973; y Miller, 1979). También, para otros tiene efectos sobre la libertad de decidir cómo realizar una tarea, o definir los propios objetivos del trabajo aumentando la motivación intrínseca, y creando niveles elevados de responsabilidad y compromiso con los resultados del empleo (Hackman y Oldham, 1975). En la actualidad modelos como el de demandas y recursos del trabajo, o el modelo JD-R, explican el estrés laboral como un producto de la tensión y el desequilibrio entre las demandas del individuo y los recursos que tiene para enfrentar esas demandas.

ESTILO DE GESTIÓN Y LIDERAZGO

No sólo aspectos relacionados con la dinámica de la organización han sufrido cambios, también aquellos que tienen que ver con el comportamiento de gestión se han visto alterados y otros enfatizados. En un ambiente organizacional abierto, con relaciones y condiciones de mayor exigencia, es natural que la manera en que el trabajo se gestiona para hacerlo productivo haya cambiado.

Es observable que mientras se flexibiliza el trabajo, hay un aumento de la movilidad laboral. Las relaciones se vuelven complejas y hay un acrecentamiento en la presión que tienen que ejercer los gestores líderes, para conseguir que los empleados alcancen las respectivas metas. Además, la progresiva coacción administrativa puede impactar el bienestar y la salud de los empleados. Debido a su posición superior en la jerarquía y culturalmente valorada, los superiores pueden, intencionalmente o no, causar estrés en sus subordinados, o desprotegerlos frente a él como ya se analizará más adelante. Ganster, Schaubroeck, Sime y Mayes (1990), encontraron que sobre todo los supervisores de los patrones de comportamiento de tipo A, generaban síntomas físicos en sus subordinados, y cuando estaban bajo presión, podían reaccionar mostrando un estilo gerencial negativo, lo que termina por aumentar la presión laboral (Buck, 1972).

Hoy se sabe que los estilos de gestión nada democráticos con poca, o nula retroalimentación y herramientas limitadas para el soporte social Beehr y Gupta (1987), generan en los empleados mayores niveles de estrés percibidos (subutilización de habilidades y sobrecarga de trabajo), así como diversos síntomas de depresión (Repetti, 1993). Lobban, Husted y Farewell (1998) y también por su parte Uribe, Patlán y García (2015) (Figura 5) mostraron cómo una comunicación y dirección adecuada de parte de los supervisores es significativa, en relación con la satisfacción del empleo. Esto sugiere que el estilo de supervisión puede, de hecho, ser un precursor de otras características que han sido asociadas con un aumento de los niveles de estrés.

Figura 5. Modelo estructural de Manifestaciones psicosomáticas, compromiso y burnout como consecuentes del clima y la cultura organizacional

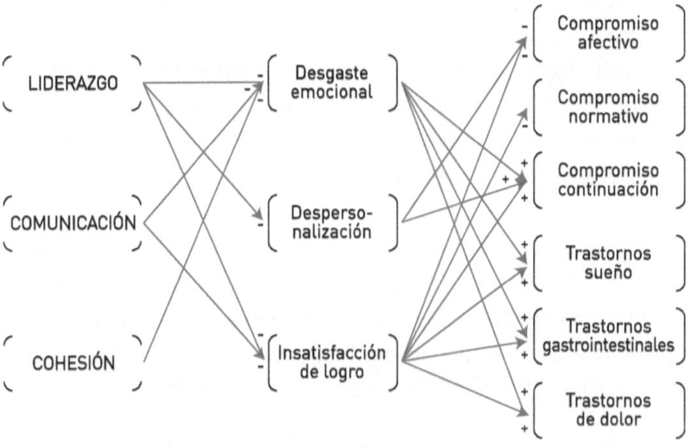

Las presiones organizacionales para elevar y mantener la productividad, son un origen de fenómenos en aumento; tal es el acoso en el trabajo, así como formas de liderazgo negativo y destructivo. Por ejemplo, se sabe que algunas personas pueden usar la intimidación hacia sus subordinados cuando se encuentran bajo presión. En una encuesta realizada en 70 organizaciones del Reino Unido en el año 2000 (Hoel y Cooper, 2000), se encontró que los gerentes son los perpetradores del 74.7% de los empleados que informaron ser víctimas de acoso laboral. Esta condición de origen psicosocial, se encuentra relacionada con problemas de salud mental y física; díganse síntomas de estrés psicosomático, síntomas musculoesqueléticos, ansiedad y depresión (Hansen, Garde, Nabe-Nielsen, Grynderup & Høgh, 2018; Figueiredo-Ferraz, Gil-Monte, & Olivares-Faúndez, 2015).

Muchos textos e investigaciones han insistido en lo constante y vertiginoso de las transformaciones, pero difícilmente se pueden encontrar precisiones sobre la forma en que estos ocurren, o la influencia en los individuos. Las problemáticas ocasionadas son constantes y todas pueden percibirse: empleados enfermos, estrés, cardiopatías, burnout, etcétera. El medioambiente hostil y poco saludable, no es el espacio para crear fortalezas, el talento tan deseado por todos nunca surge, al contrario, se disuelve y desaparece bajo la presión de dar resultados, sin aprendizaje y sin tiempo determinado.

FUNCIONAR A BAJA CAPACIDAD

Al imaginar la escena de una persona que requiere un empleo, sin haberse formado en su totalidad para ello, cuando por fin logra conseguir uno, se enfrenta gradualmente a cosas que nadie vislumbra cuando se está estudiando una carrera profesional; o al menos están de más situaciones que no son ciertas en su mayoría. Por lo que, al llegar a donde hay un puesto de trabajo nada similar al que se tenía planteado, este no se encuentra diseñado correctamente en sus procesos, por ende, no se entiende ni aún con las explicaciones de los respectivos encargados. Lo que propicia un alto nivel de incertidumbre, basado en comprender las explicaciones y realizar el trabajo lo mejor posible. Las consecuencias de estas problemáticas, dejan como resultado el no dar los objetivos esperados, recaer en la idea de renunciar, o sino, ser objeto de discusiones constantes.

Otra situación, es que si hay suerte de conseguir empleo en una empresa responsable, que maneje de forma adecuada los procesos de capacitación, como por ejemplo, la inscripción a un programa de inducción; suele pasar que dichos cursos no son didácticos ni colaborativos, es decir que se deja solo al individuo en una sala, en donde le explican brevemente el material y/o diapositivas; o simplemente le dejan conllevar los métodos de conocimiento sin importar sus habilidades sociales y de comprensión. Muchas veces hay personas que trabajan en organizaciones con jefes que tuvieron una educación rigurosa, o viven una presión tan fuerte que lo único que alcanzan a hacer es tratar de convencer de sus capacidades. Así que jamás piensan, o saben cómo enseñar, únicamente solicitan actividades operativas que la mayoría de las veces, derivado de su poca preparación organizacional, son diligencias que ni siquiera ellos mismos pueden, o entienden cómo hacer.

En estas empresas actuales, la presión laboral es muy grande, y la gente termina por refugiarse en una simulación complaciente con los jefes, aunque su resultado sólo sea conservar el empleo. Cada vez es más frecuente que las empresas busquen solucionar los problemas importantes de forma novedosa e innovadora, y en esa prisa absurda, recurren a maniobras sin método ni sistema, ni reflexión alguna. La gente obviamente acaba por obtener un conocimiento superficial y general sobre los aspectos laborales que debería ya dominar, de la misma forma en que merecen disfrutar dichas actividades, y con ello se darse el espacio suficiente para realizarlas en tiempo y forma.

Para explicar de manera intuitiva las situaciones que viven las personas en el trabajo, se encuentra la metáfora de las bicicletas con el manubrio al revés y las cuales se pedalean en reversa. Se les dice bicicletas porque su estructura es similar. Eso ocurre con los empleos; parecen trabajos estables, pero en realidad no se tiene un control sobre ellos, hoy en día ninguna persona puede decir que controla en su totalidad las variables de su trabajo. Todos estamos sujetos a diferentes situaciones, que van desde ocurrencias de los jefes, hasta algo natural que se da en cualquier parte del entorno. Es decir que, si hay gente que recibe conocimiento superficial, imagínense los nuevos gerentes que siempre quieren solucionar los problemas sin ninguna planeación, o sin pensar reflexivamente las cosas.

Hoy en día, los empleos imponen que no hay control sobre el tiempo libre, solamente quien no trabaja ajeno a medios electrónicos podría decir que controla su tiempo, el resto de las personas ven invadidos su tiempo, su familia, su casa, con demandas constantes, etcétera.

La información confusa e incierta sobre el trabajo e incluso la demanda de atención personal que tienen muchos jefes, obligan al personal a atenderlos en asuntos que les demoran mayor cuidado. Ante mayores presiones y gente que cambia todo el tiempo de empleo, es menos la gente que domina y ha tenido el periodo adecuado para dominar su trabajo. En caso contrario, hay un exceso de improvisación en quienes viven presionados por cumplir con sus actividades laborales, pero son doblemente responsables; por un lado, reciben a gente que cambia constantemente de puesto y de empresa, y por otro, son quienes absorben la mayor cantidad de presión. Este hecho es esencial y es un resultado de la carencia de la socialización adecuada, más la pobreza en el desarrollo de competencias.

Ha sido útil y fácil crear rotaciones de puestos por estrategia, o por supuesto desarrollo, pero muchas veces se hacen sin base alguna. Un individuo necesita tiempo para convertirse en un experto en lo que hace, para tener claro su rol, así como las relaciones de su propia función. Solo entonces le podemos solicitar que se expanda, que estudie, que aprenda, y no que únicamente adquiera conocimientos superficiales sobre distintas actividades, debido a que al final no logrará nada. Es absurdo pensar que el talento se desarrolla de una forma sencilla… nada de eso, lo que se consigue es obtener niveles muy bajos de desempeño, bajos niveles de compromiso organizacional (nadie sabe qué le espera), y por supuesto, que todos se convierten en simuladores del puesto y del desempeño. Mucho se acusa a esta categoría nombrada millenials, de ser una generación que desea todo rápido, y tal vez tienen razón, pero tampoco se les está brindando tiempo de dar resultados, aprender bien su puesto, convertirlos poco a poco en líderes, y contribuir con aquellos que sean referentes culturales de la misma empresa.

Y entonces, qué le sucede realmente a una persona que llega a la organización, que tiene que cambiar de rol, o que le han insertado nueva tecnología; o peor aún, que le encargaron un proceso, o proyecto nuevo del que nadie tiene conocimiento, por lo que debe investigar y ponerse a prueba por primera vez y de forma inmediata. Es aquí donde se debe hablar de lo que pasa intrínsecamente en el trabajador, qué le guía y qué le orienta para salir adelante día con día.

Se sabe que, desde el punto de vista del enfoque cognitivo, cada persona tiene un auto sistema que le ayuda a interactuar con el medio ambiente y uno de sus componentes principales, es la autoeficacia que consiste en la confianza en sí mismo frente a tareas específicas. Esa AE regula la interacción con el ambiente, ya que se alimenta de los aprendizajes, por ejemplo, del aprendizaje social que las personas obtienen del modelamiento.

El modelamiento se da mayormente con personas que tienen vínculos afectivos con los demás. Esa capacidad de sentir que se controla el ambiente, y que se es capaz de salir de las adversidades gracias a lo aprendido, junto con las experiencias positivas que se vivieron, es conocida como agenciación humana. Esta capacidad permite que una persona se sienta motivada para trabajar y que se reduzca la incertidumbre, frente a la posibilidad de cometer errores en el empleo.

Ahora, por el lado de la experiencia del estrés que vive una persona, se conoce que si alguien es expuesto a una situación nueva, por ejemplo, a una cultura organizacional en la que todo cambia constantemente, el sujeto sentirá que la incertidumbre se incrementa, llenando su sistema de cortisol, además de errores constantes. Cierta cantidad de estrés es necesaria para que las personas inicien conductas de búsqueda de información, a través de sus habilidades sociales de una manera más proactiva. Dichas acciones permitirán ir clarificando su rol, e ir encontrando la forma de dar resultados positivos con su trabajo; entre las ventajas, también podrá crear una red social de apoyo.

En torno a esto, es que se construye una parte fundamental de la salud mental de los trabajadores, no la salud mental de estar enfermo psiquiátricamente, sino la salud mental positiva que permite dar una mejor productividad, ser el que mejor funciona, o al menos ir al trabajo colmado de energía, sabiendo que se domina el empleo y que cuenta con un grupo de aliados a los que se puede acudir para solucionar las problemáticas generales, y/o simplemente integrarse al grupo.

Lo segundo y más importante para la organización, es que son esas redes de apoyo entre compañeros, las que solucionan dificultades e interconectan a la empresa. Muchas veces, aunque estén en áreas o países diferentes, son esas redes las que permiten confiar en el trabajo de los compañeros, y que, en un momento dado, se adquiere la comodidad para afianzarse en el empleo a pesar de sus estresantes demandas.

Los seres humanos somos seres sociales que creamos vínculos afectivos para conseguir resultados que nos dan éxito, asimismo, esa sensación de logro cotidiano que se necesita para sentirse satisfecho. Trabajar cambiando de empleo y de rol de forma constante, no permite a las organizaciones que las personas se adapten a la cultura organizacional, ni siquiera les permiten entender el propósito con claridad de cómo, y con quién trabajan. Los van convirtiendo en seres individuales aislados, que no asimilan los aprendizajes y que además de todo, tienen que vivir la presión de dar resultados por sí solos. Después aparecen las quejas de los líderes, exponiendo que los trabajadores no desean hacer equipo y se quitan el tiempo entre ellos mismos.

LICUAR EL TALENTO

El talento recordemos que para quienes estudiamos el comportamiento es equivalente a la salud mental positiva en el trabajo, y es ahí donde el potencial aparece. Una importante conclusión de este capítulo es que el trabajo como actividad humana implica los esfuerzos realizados por las personas para desarrollar sus tareas con eficiencia, lo cual genera desgaste, fatiga y el estrés natural producido por la carga de trabajo, que a su vez influyen en la salud. Sin embargo, el entorno organizacional, complejo en interacciones y en el uso de la tecnología para aumentar los niveles de productividad en el empleo, inciden en crear factores de riesgo de origen psicosocial que, al ser intangibles y producto de la compleja vida social de las organizaciones, son usualmente naturalizados y asumidos como "normales". Esto desencadena graves problemas en las personas que se exponen a ellos. El estrés laboral, la violencia en el trabajo, el liderazgo negativo o la falta de apoyo social, son componentes que provienen en parte de los procesos laborales y aspectos ergonómicos, pero también de la cultura organizacional, de creencias arraigadas respecto a la forma de las relaciones interpersonales, o de la comunicación de los modelos de liderazgo, adoptados y enseñados a través de las generaciones y del apoyo entre los compañeros.

Hoy en día, las empresas omiten que las personas viven en una licuadora de talento. Son gente que, en lugar de sentir confianza en sus compañeros, o en sus jefes directos, sólo quieren impresionar a sus líderes pareciendo innovadores. Se observa en ellos un aumento de cortisol y de adrenalina, en vez de motivarse para hacer lo que más les agrada, y así decidir libremente. Se ven coartados por una organización que los aliena y los obliga a realizar lo que a esta se les va ocurriendo. Por otra parte, de manera inevitable, las personas terminan por convertirse en "zombis" de una cultura que no los incluye, sólo se aprenden un discurso repetitivo para poder conservar el empleo. Tal como decía Andrews Bassller y Coller, "quienes están más implicados también adoptan mejor la cultura". Pero no dijo que también se enferman más y se ven fuertemente alienados. Y entonces ¿ellos qué deseaban? ¿qué querían ser antes? ¿qué podrían haber aportado en lugar de lo que las supuestas organizaciones excelentes quieren?

En esa licuadora de cortisol, adrenalina y poca dopamina, hay cero capacidades de logros y de sentirse recompensado, así pues, el talento jamás aparecerá. Lo que sí aparece es la depresión y la ansiedad, producto del estrés laboral crónico. Aparecerá el burnout cuando el liderazgo negativo retire la protección al estrés, también los TEM, efectos psicosomáticos de un ambiente con condiciones no adaptadas a las personas. Imaginemos a alguien que ya no duerme bien, y que se despierta con los pendientes del día siguiente, o que simplemente no puede tener una conversación familiar tranquila sin hablar de su trabajo, o que de pronto empieza a quejarse de este.

Imaginemos a alguien que trabaja muchas horas, que maneja a diario a su empleo; ese alguien tiene poca energía, es irritable y tal vez está deprimido. Se ha de levantar a tratar de recuperarse con la ansiedad triste de que no podrá descansar, ya que hasta en su casa tiene que abrir la computadora para enviar o revisar correos. ¿Podemos pedirle a esa persona que sea creativo?, ¿qué innove en el trabajo?, no es así. Lo que siempre se le pide es que sólo vaya a trabajar. Su funcionamiento óptimo no sólo está lejos; se encuentra en un nivel de menos tres, y salvo que descanse, haga ejercicio, o crea en los efectos creativos, innovadores e inspiradores de la salud mental positiva en el trabajo, este no aparecerá jamás.

CAPÍTULO II
SALUD MENTAL POSITIVA OCUPACIONAL Y TALENTO HUMANO

Este libro dedicado a líderes que quieren obtener no un modelo que repetir, sino un entendimiento científico y amplio para crear potencial y mantener el bienestar, precisa abundar en el funcionamiento óptimo de las personas. En este capítulo se explica que la salud mental positiva viene a ser el concepto equivalente a lo llamado por la gestión de empresas como talento humano, y que el aprovechamiento del potencial y la productividad son esquemas de un entorno psicosocial saludable (además de características individuales). Estos permiten que el bienestar y el funcionamiento óptimo muestren que una persona ha desarrollado sus fortalezas y que experimenta el trabajo de forma retadora y satisfactoria. Al hablar de las personas en las organizaciones, es muy común que cuando se tiene una conversación con quienes dirigen dichas instancias, surja lo relevante de los trabajadores para el éxito de la organización.

Por ello, tradicionalmente la gestión de recursos humanos ha centrado su discurso en resaltar el papel del talento humano. Para muchos en ese ámbito, podría decirse que el talento humano es la piedra angular de la competitividad y, aunque es complicado encontrar una definición única o clara, en general se refiere al potencial de desarrollo y la productividad de las personas. El problema más evidente que aparece al revisar la literatura sobre el tema, son los métodos de gestión, es decir, que la forma de hacer realidad el enfoque del talento ha pasado mucho tiempo sin cambios generales, por lo que los administradores de recursos humanos soslayan la necesidad de actualización, o la llenan con tendencias de moda.

Las estrategias que distintas organizaciones emplean se basan en evidencias científicas cuestionables, promovidas de forma ardua por los medios y redes sociales. Los resultados son difíciles de predecir y por supuesto que, a muchos administradores los lleva a asumir que es una tarea poco productiva el enfoque en las personas. Afortunadamente diferentes ámbitos de la ciencia (entre ellos las ciencias del comportamiento), han producido conocimientos claves para poder entender cómo aprovechar todo el potencial de las personas y cuáles son los medios para entender el complejo entorno ecológico de las organizaciones y su influencia en el comportamiento humano.

Ante esta necesidad, hay cinco importantes temas que explicar antes de describir cómo funciona el potencial humano en las organizaciones, y porqué la salud mental positiva es la condición para ello (Figura 6). Primero, el ser humano debe de ser entendido ante todo como un ser biopsicosocial basado en el principio de la homeostasis; es decir, el equilibrio fisiológico que prevalece frente a los cambios externos e internos, y que se consigue mediante ajustes en el sistema interno. Por ejemplo, si un individuo siente frío, temblará para conseguir elevar su temperatura; o, al contrario, al sentir calor su cuerpo sudará para refrigerarse y regular su temperatura.

Este es el caso equiparable en que la persona siente estrés frente a una situación de incorporación a una nueva organización, y el resultado equivale a que desarrollará conductas de búsqueda de información y proactividad para clarificar su rol, además reducirá la incertidumbre que le causa la complejidad del funcionamiento cultural de la organización.

Figura 6. Interacción entre la organización y el trabajo

En contexto, el individuo funcionará dentro de un ambiente complejo y organizado como es el del trabajo. Siempre buscará la homeostasis entre la satisfacción por el logro de metas y el estado de estrés natural, producido por el trabajo y la orientación a la productividad. En segundo término, las personas experimentan el mundo a partir de sus creencias, lo que significa que los individuos construimos un conjunto de creencias para darle sentido a una realidad social compleja como es la organización. Esto es en parte basándonos en nuestras propias experiencias sobre las que vamos realizando valoraciones y juicios; en buena medida gracias al modelamiento y aprendizaje vicario que empleamos como herramienta para adaptarnos al medio organizacional.

En ese sentido, la cultura organizacional funciona como el espectro que las personas construyen con base en su interacción y mediante la cual se integran a una realidad determinada para conseguir adaptarse y crear comportamientos que le permitan generar una identidad laboral, organizacional y a veces personal; siempre y cuando esta no se enmarque en lo patológico de la enajenación, o de la alienación. Un individuo que llega a una organización, o que va construyendo una carrera laboral, sistemáticamente fabrica una malla de creencias y valoraciones sobre un conjunto muy variado de situaciones, por ejemplo, el significado del trabajo bien hecho, ser rápido para el empleo, un buen líder, ser honesto, o incluso, incorpora un catálogo de comportamientos que se imitan de compañeros con mayor rango. En general construye creencias de cómo aplicar los valores de la empresa, o las valoraciones de los comportamientos que son considerados importantes y que le proveen satisfactores gracias a sus competencias, entre las que se destaca poder ser un miembro adaptado a la cultura de la organización.

Tercero, los recursos de la organización como dice Bakker, funcionan para amortiguar los efectos de las demandas laborales al combinarse con factores personales, aunque es muy difícil aceptar que todas las organizaciones funcionan igual porque las variaciones en las culturas nacionales y las operaciones imponen sesgos importantes a este planteamiento. La forma de afrontar las demandas de la organización pueden ser variables, y en todo caso depende más de la manera en que la cultura organizacional y los factores personales se combinan, que de los recursos que la organización pueda ofrecer.

De este modo, podría pensarse que disponer de una oferta de cursos de capacitación de gran calidad atenuarían la carga física y mental, por ejemplo, de quienes trabajan en plataformas petroleras, o en un hospital psiquiátrico. Sin embargo, solo lo harían de forma relativa, ya que, las largas jornadas en las plataformas, y el desgaste emocional de cuidar enfermos seguirán siendo un factor de estrés. O de otra forma, el sentimiento de logro y orgullo de trabajadores de obras civiles que ven concluidos sus esfuerzos en grandes proyectos, podría no ser considerado un recurso de la organización, sin embargo, impulsa a los empleados para dedicar buena parte de sus vidas a seguir trabajando en estos sectores.

Cuarto, lo que podemos admitir como una constante en las organizaciones, es que su cultura y los desfases culturales de los equipos, configuran el set de creencias respecto a sí mismos y al trabajo. Las formas y los tipos de interacción social, crearán redes de apoyo instrumental y emocional que dotarán a las personas del funcionamiento y el soporte necesario para mejorar su labor, establecer relaciones afectivas y comprender cómo funciona la organización. Finalmente, el liderazgo que tienen los trabajadores convertido en herramienta permite la identificación de individuos que fungen como mentores y modelos, lo que brinda una guía instrumental (dicen cómo hacerlo y con qué hacerlo), emocional (protegen contra el estrés de hacerlo solos) y cultural (generan un modelo de logro a seguir, más una aspiración).

Quinto y último, la salud mental en el trabajo puede verse influenciada por la cultura organizacional, los factores personales, las condiciones del trabajo, los líderes, el resultado de la interacción entre las labores, recursos de la organización, y el individuo, permiten a una persona funcionar de manera óptima, y es en suma, lo que las organizaciones deberíamos perseguir como meta en la gestión de personas y del trabajo. La salud en el ámbito organizacional ha sido estudiada desde hace décadas, sin embargo, eso no ha convertido el tema de la salud mental en la prioridad para las organizaciones, por lo que promover la salud mental positiva y los efectos del bienestar para crear entornos productivos y armoniosos sigue siendo un reto para las organizaciones bajo las premisas de sostenibilidad y responsabilidad social que orientan las normas y valores de la mayor parte de las organizaciones.

SALUD MENTAL POSITIVA Y BIENESTAR

En la declaración de Ottawa de 1986 de la Organización Mundial de la Salud (OMS), se menciona que la salud debe ser entendida como un completo estado de bienestar físico, mental y social, y no solamente dentro de la ausencia de enfermedad o minusvalía. La salud, entendida como un recurso de la vida cotidiana, y no en una finalidad vital en sí misma, pone énfasis en los recursos sociales, personales, así como de las capacidades físicas de las personas con lo que se advierte el tono positivo de dicha declaración (WHO, 1986, Ottawa Charter for Health Promotion). Para la psicología, la salud mental ha sido abordada de forma tradicional a manera de estados de carencia, o funcionamientos asociados al dolor y el sufrimiento (Vázquez, Hervás, Rahona y Gómez, 2009), lo que omite en sus enfoques de investigación e intervención, el desarrollo del potencial y los estados positivos en el individuo.

Aún hoy, son escasos los modelos teóricos que abordan el enfoque positivo contra el enorme repertorio de estudios psicopatológicos, que es para muchos todavía, sinónimo de salud mental. Para la perspectiva positiva, la salud mental es definida como el estado de funcionamiento óptimo de la persona y, por tanto, se enfoca en promover y facilitar el desarrollo potencial de las fortalezas humanas (Jahoda, 1958; Lluch, 2002; Pando-Moreno y Salazar-Estrada, 2007). Los críticos de este enfoque (Vázquez, 2013) se refieren a este como utópico sin presentar alguna duda aspiracional para el desarrollo de la ciencia y del bienestar de las personas.

Así bien, gracias a la gran variedad de aproximaciones que se han hecho sobre la salud mental, ha sido posible que en el ámbito del trabajo se le conceda una mayor importancia. Pero al igual que en otros campos, el enfoque negativo ha sido centrado en el estudio del estrés y la enfermedad, siendo el que más predomina, mientras que el abordaje positivo en el ámbito ocupacional aún está en desarrollo (Pando, Aranda, Salazar y Bermúdez, 2006; Pando, 2012).

La salud mental vista de forma positiva, permite observar en el ser humano una serie de desarrollos potenciales cuya presencia o ausencia no indican ninguna psicopatología, pero sí una calidad de la salud mental en el individuo (Pando, et al., 2006). Al hablar de la organización, ninguna de las definiciones mencionadas considera las relaciones de poder que son esenciales en las organizaciones, además de ser una base del comportamiento organizacional, lo que genera subordinación, y termina en conflicto (Hall, 1996). Estas relaciones forman una mayor complejidad para el estudio de la salud mental, logrando que se piense en relaciones desiguales, por ejemplo, cuando una persona es oprimida o explotada podría significar la imposibilidad de saber si un individuo se encuentra en un estado de Salud Mental Positiva, o simplemente no le es posible percibirlo y/o mencionarlo.

Sobre la salud mental positiva, se sabe que está directamente relacionada con el bienestar, y al entender esta intrínseca relación se puede asumir que cuando el sujeto se enferma dentro de la organización, no es necesariamente lo opuesto a la salud, sino que corresponde a la alienación, la enajenación de los individuos y a las condiciones laborales que generan una demanda de estrés. La alienación en el trabajo como el opuesto a la SMP, logra percibirse porque el empleo se ve como ajeno al individuo y a su naturaleza, lo cual conduce a una desvalorización de este, a diferencia de otros estados como el capital psicológico, o el engagement, en donde las personas aún bajo el estado de estrés se encuentran vinculadas socialmente y absortas en su trabajo.

BIENESTAR LABORAL Y FUNCIONAMIENTO ÓPTIMO

El bienestar laboral es abordado y se conceptualiza por diferentes autores en un aspecto relacionado con la salud mental, la autonomía, la sensación de dominio del ambiente, la obtención de un propósito vital, y las relaciones sociales de carácter positivo (Jahoda, 1958; Ryan y Deci, 2000; Ryff, 1989). Se sabe que dicho bienestar puede ser originado por un funcionamiento óptimo, y que ha mostrado estrechas relaciones con la salud física y otros estados positivos, los cuales funcionan con cualidades protectoras ante la adversidad (Ryff y Singer, 2002). El bienestar laboral se considera en la actualidad una de las variables más importantes en la investigación del comportamiento organizacional, al ser uno de los elementos socioculturales de la organización, lo que obliga a estudiarlo para poder gestionar equipos de trabajo y empresas (Hernández, Gálvez y Narváez, 2003).

Figura 7. Modelo de Bienestar Psicológico de Carol Ryff

Hoy día existen numerosas formas de concebir el bienestar psicológico y laboral (Warr y Inceoglu, 2012). Su estudio está relacionado con conceptos tales como el de satisfacción laboral, capital psicológico, fluidez, compromiso y elevación; en suma, todo aquello que hace referencia al funcionamiento óptimo del individuo en el trabajo, y que es un reflejo de su percepción de calidad de vida que experimenta (Luthans, Avolio, Avey y Norman, 2007; Schaufeli y Salanova, 2007; Warr, 1990).

Así pues, el bienestar laboral es un estado y un resultado de las condiciones concernientes al trabajo, a la organización o al empleo (Isaksson, De Cuyper y De Witte, 2005; De Witte, 1999), que interactúan con los factores personales para crear un estado de bienestar en el trabajo (Wood y Bandura, 1989). Por parte del trabajador, el bienestar es la experiencia positiva que experimenta al sentirse satisfecho porque ha valorado de manera favorable las condiciones del empleo, su propio desempeño, la pertenencia a la organización y su posibilidad de obtener beneficios y logros profesionales que considera importantes.

En síntesis, de acuerdo con varios autores, el bienestar laboral es un conjunto de valoraciones y sentimientos respecto al grado en que una persona experimenta un estado de satisfacción general con los diferentes aspectos de su situación laboral (Andrews y Withey, 1976; Diener, 2000; Diener, Oishi y Lucas, 2003). El estudio del bienestar ha estado constantemente relacionado con los factores personales, lo que según Blanch, Sahagún, Cantera y Cervantes (2010), muestran la hegemonía de la visión clínica en este campo de investigación e intervención, identificándolo principalmente como un rasgo de afectividad (Watson y Telleguen, 1985) pero, omitiendo sus relaciones con la interacción social.

También se sabe que, aunque más de la mitad de la afectividad proviene de elementos hereditarios o sociodemográficos, depende en gran parte de otros aspectos dinámicos y manipulables de la vida de las personas (Vázquez, et al., 2009), tales como la cognición social, el apoyo de los compañeros en el trabajo, el entrenamiento recibido que incrementa los niveles de autoeficacia y otros más que se relacionan con la disminución de la incertidumbre. Estos bien podrían caracterizar a ciertas culturas organizacionales, al formar creencias compartidas relativas a la percepción de bienestar con el trabajo (Taormina, 1994, 1997; Taormina y Gao, 2005).

Diferentes autores han evidenciado que la satisfacción de un empleado con su trabajo tiene relaciones estrechas con factores internos como la autoeficacia o el aprendizaje (Arvey, Carter y Buerkely, 1991; Judge, Heller y Mount, 2002). Sin embargo, muchos de estos elementos se generan en la interacción social (Bandura, 1997) en un efecto del modelamiento, o a través del entrenamiento (Saks y Ashfort, 1997). El aprendizaje recibido corresponde usualmente a distintos factores relevantes del puesto, o de la cultura organizacional. Es decir que tienen consecuencias importantes en la satisfacción del trabajo y el compromiso organizacional. Lo anterior puede indicar que la percepción de bienestar también depende del rol de trabajo y de la cultura organizacional (Cameron, Freeman y Mishra, 1991; Hernández, et al., 2003).

Poniendo énfasis en el punto de vista del bienestar psicológico, Keyes y Waterman (2003), proponen una dimensión social para establecer la medida en que el contexto sociocultural es percibido como satisfactorio y enriquecedor (cf. Vázquez y Hervás, 2008). Dicho modelo ha mostrado ser más relevante cuando se refiere a la experiencia de las personas en grupos pequeños, dígase la familia, o en el lugar de trabajo (Keyes, 2005; Keyes y Waterman, 2003). En general, el bienestar laboral muestra relaciones con diversos aspectos individuales de los miembros de la organización, lo cual se ha estudiado extensamente. Las relaciones con la cultura y la socialización organizacional son aspectos que podrían indicar cómo funciona la cultura para que los individuos perciban una mayor satisfacción laboral.

SALUD MENTAL POSITIVA EN EL TRABAJO

En el mundo actual del trabajo, estar saludable y/o tener salud, puede definirse de diversas maneras. Para algunos autores, en el sistema económico actual un sujeto enfermo es el que no puede producir, de esa forma la salud muchas veces se asume como la capacidad de trabajar (Rossi y Oscar, 2005). El trabajo puede ser considerado desgastante y generador de malestar, o en contraste, ser la parte más agradable de la vida cuando nos absorbe por completo y se disfruta sin esfuerzo; como en los estados de flujo y work engagement (Bakker, Schaufeli, Leiter y Taris, 2008; Nakamura y Csikszentmihalyi, 2014).

Para Pando, et al., (2006) el trabajo en sí mismo no enferma a nadie, son las condiciones del empleo las que tienden a convertirlo en el agente de enfermedad, o de bienestar. Pensar en la vida del trabajo no debe limitarse al hecho de no sufrir accidentes ni enfermedades laborales al final de la jornada. La organización del trabajo puede crear sentimientos de confianza en sí mismo, elevar la autoestima del trabajador, mejorar las redes sociales de apoyo laboral y extralaboral, incrementar la satisfacción, y otros indicadores positivos de salud mental. La salud mental positiva en el trabajo se ha explorado y conceptualizado distintamente, en la mayor parte de los casos se observa el énfasis en que se trata de un resultado de la interacción entre las capacidades individuales, las propias percepciones de dominio y control, y en las demandas ambientales reales (Moreno, Cortés, Baltazar, Rodríguez, y Rodríguez, 2015; Lluch, 2000; 2002; Rossi y Oscar, 2005).

Entre las diferentes aproximaciones se encuentra el enfoque de "Eugenesia Laboral", propuesta por Pando (Pando, 2006; Aranda, Parra y Ruiz, 2013). En este se propone una configuración de la salud mental positiva en el trabajo, formada por los elementos de autoestima, apoyo social, el work engagement, locus de control, proyecto de vida, creatividad, optimismo, perseverancia, conciencia social, placer, capacidad para transformar la realidad, capacidad para dar y recibir afecto, entre otros. Al hablar del concepto de salud mental dentro del ámbito del empleo, podemos afirmar que es una práctica social o individual que representa la capacidad de transformación de la realidad que tiene una persona. Esto no implica que el estado sea permanente o inmutable, sino que depende de diversos factores como la conciencia y el rol que se tenga en una organización determinada.

La salud mental positiva en el trabajo se puede ejemplificar en un estado donde el individuo percibe el desarrollo de sus fortalezas y disfruta de sus tareas, además de crear una identidad que le genere satisfacción. La persona que trabaja en un entorno que le permite tomar decisiones sobre su propio trabajo, y que también le consiente dedicarse e implicarse en la cultura organizacional, debería de obtener beneficios salariales y de perspectivas de crecimiento en la organización.

Un ejemplo de esto son las personas competentes en su trabajo, y que tienen la oportunidad de hacerlo equilibradamente y bien remunerados, tal como ocurre con algunos mexicanos que se van a trabajar a los Estados Unidos. Pues bien, esa cultura de trabajo que tiene la posibilidad de remunerar y respetar de forma decente el tiempo que una persona le dedica a su labor, y que además facilita el aprendizaje, genera la magnífica posibilidad de una plenitud y de un equilibrio, mientras que permite conseguir que el trabajo sea parte de la filosofía de vida, sin necesidad de llegar a ser una obsesión. Ahora, en cuanto al concepto que se menciona de enfermedad, es necesario establecer el siguiente ejemplo:

En el equipo de natación en el que entreno, tengo un compañero de 58 años que tiene una discapacidad en una de las piernas, lo que lo obliga a usar un bastón. Desde la visión de enfermedad, ese hombre no debería nadar y nadie pensaría que puede competir, sin embargo, el entrenamiento constante le permitió que llegara en tercer lugar dentro de una competición, mientras que yo, que tengo menos años y no tengo ninguna discapacidad, concluí la competencia en el lugar 40. ¿Ambos estamos enfermos? La respuesta es no. Ninguno de los dos estamos enfermos, sin embargo, uno tiene un funcionamiento superior que, probablemente haga que siga subiendo escalones; o, en cuanto al trabajo, que vaya todos los días a las reuniones o que llegue en condiciones de participar y no de estarse recuperando. Y la otra, seguramente habrá ocasiones en que se ausente o incluso busque participar menos porque seguramente estará cansado.

A partir de ese modelo aparece el constructo teórico de Salud Mental Positiva Ocupacional, que contempla seis factores considerados positivos de salud mental ocupacional: el bienestar personal en el trabajo, las relaciones interpersonales positivas en ámbito laboral, la inmersión en la tarea, el empoderamiento en el trabajo, la filosofía de vida laboral, y las fortalezas personales en el trabajo. Al abordarlos, los autores mencionan que podrían encontrarse de forma simultánea en el individuo en dimensiones cognitiva, la socioafectiva, comportamental y espiritual (Vázquez, Pando, Colunga, Preciado, Orozco, González, Juárez, 2017).

Cada dimensión hace referencia a los aspectos relacionados con el contenido de esta, y hacen posible su evaluación y observación. Por ejemplo, la dimensión cognitiva contiene pensamientos, creencias, ideas y juicios de valor; la comportamental hace referencia a conductas, acciones, prácticas y actitudes; la socioafectiva puede contemplarse mediante sentimientos, emociones, la motivación y relaciones intrapersonales e interpersonales. Finalmente contar con un significado y darle un sentido al empleo, o encontrar en este un motivo de orgullo, aportación a la comunidad, y/o en general aspectos relativos a la autorrealización, se refieren a la dimensión espiritual.

Los seis factores de la **SMPO** pueden comprenderse a partir de la siguiente tabla, en donde se muestra su definición conceptual y operativa:

Cuadro 2 Definición conceptual y operativa de los aspectos que integran la salud mental positiva ocupacional

Aspectos de la SMPO	Definición conceptual	Definición operativa
Relaciones interpersonales positivas en el trabajo	Se refiere a la capacidad del individuo para establecer relaciones sanas y afectuosas con los demás en su trabajo.	Contiene los siguientes elementos: Relaciones laborales afectuosas, grupalidad, redes sociales de apoyo, sentido de pertenencia al colectivo ocupacional, apego satisfactorio a las normas laborales, comunicación asertiva en el trabajo.
Bienestar personal en el trabajo	Se refiere a la valoración del individuo con relación a su trabajo en términos positivos, y que incide en la presencia de sentimientos, sensaciones y emociones positivas en su actividad laboral.	Contiene los siguientes elementos: Autovaloración positiva como trabajador, autoestima positiva, disfrute de la identidad de género, vitalidad, afectividad positiva derivada del trabajo, disfrute del trabajo, sentido de logro en el trabajo, autorrealización en el trabajo.
Empoderamiento en el trabajo	Se refiere a las capacidades del individuo necesarias para poder mejorar su propia vida laboral, así como al proceso mediante el cual las personas desarrollan estas capacidades.	Contiene los siguientes elementos: Percepción adecuada de la realidad laboral, autorregulación en el trabajo, autodeterminación para el trabajo, autoeficacia laboral, locus de control interno en el escenario laboral, adaptación al entorno laboral, dominio y control del entorno ocupacional, autoactualización y desarrollo laboral, autogestión de la salud ocupacional.
Filosofía de vida laboral	Se refiere al conjunto de pensamientos, creencias y valores que le ayudan al individuo a darle sentido y dirigir su viva laboral de una manera sana, placentera y significativa.	Contiene los siguientes elementos: Sentido y significado del trabajo, ideales laborales, proyecto de vida laboral, balance en el trabajo -tiempo libre, identidad ocupacional, congruencia de valores personales-.

Fortalezas personales en el trabajo	Se refiere a un conjunto de rasgos positivos presentes en el individuo que promueven el potencial humano y ayudan a que tenga una vida laboral satisfactoria y significativa.	Contiene los siguientes elementos: Conservación de la autonomía, creatividad, esperanza, optimismo, altruismo, serenidad o armonía, sentido del humor y sentido de trascendencia a través del trabajo.
Inmersión en la tarea	Se refiere al estado mental operativo en el cual una persona está completamente inmersa en la tarea que ejecuta. Se caracteriza por un sentimiento de enfocar la energía, de total implicación con la actividad, y de éxito en la realización de la actividad. Esta sensación se experimenta mientras la actividad está en curso.	Contiene los siguientes elementos: Objetivos claros, concentración en la tarea, equilibrio entre habilidad -desafío, actividad intrínsecamente gratificante-.

Cuadro 2 Definición operativa de las dimensiones que integran la salud mental positiva ocupacional

Dimensión	**Definición operativa**
Cognitiva	Contiene los siguientes elementos: Pensamientos, creencias, ideas, juicios de valor.
Socioafectiva	Contiene los siguientes elementos: Sentimientos, sensaciones, emociones, motivación, relaciones intra e interpersonales.
Comportamental	Contiene los siguientes elementos: Conductas, acciones, prácticas, actitudes.
Espiritual	Contiene los siguientes elementos: Significado y sentido del trabajo, inspiración en el trabajo, creación en el trabajo, orgullo y sentido de trascendencia a través del trabajo, pasión y entusiasmo por el trabajo, aportación a la comunidad, sentido de pertenencia a una comunidad y armonía en el trabajo.

La percepción de los individuos sanos que se encuentren probablemente marcados por un sentido positivo de sí mismo, de autoconfianza en las propias capacidades para tener dominio sobre el entorno, una visión optimista del futuro y un entorno social nutrido de relaciones significativas, figuran un soporte que permite a los individuos afrontar las dificultades cotidianas y ser una reserva cuando las personas tienen que solucionar problemas estresantes, o que incluso tienen que ver con la propia existencia. Incluso, ese estado de bienestar es importante porque favorecerá que las personas se desarrollen mejor psicológica, social, y comunitariamente (Fredrickson, 2013) a través de la formación de sus capacidades; tales como mantenerse optimista, ser resiliente, o darle significado a la adversidad que, como sabemos son precursores de la salud física.

La salud mental positiva es entonces, el estado de los individuos más cercano a poder desarrollar el potencial, el talento y la productividad con límites saludables y humanos. Este se ve influenciado por la cultura, las condiciones laborales, el liderazgo y la percepción de apoyo. Y, por otro lado, desde las propias características de los individuos y sus competencias. La cultura organizacional ha sido tradicionalmente considerada una factor que tiene que ver con la estrategia corporativa y la competitividad, sin embargo, a través del proceso de socialización organizacional, este concepto es transferido a los miembros de las organizaciones mediante la interacción y la influencia de los líderes, con la finalidad de que los individuos adopten las normas y costumbres, así como el desarrollo de las habilidades necesarias para desempeñarse con éxito en sus empleos.

Sin embargo, el proceso de socialización organizacional tiene un impacto altamente significativo en la salud mental positiva de los miembros de una organización, y permite que las personas puedan desarrollarse con éxito o, por el contrario, cuando esta interacción no funciona apropiadamente, los individuos abandonan sus empleos, se ven limitados para desempeñar con triunfo sus ocupaciones, o pueden trabajar en situaciones de incertidumbre y estrés laboral. El funcionamiento cerebral y cognitivo en general, está orientado a procesar la interacción social y guiar la toma de decisiones para mantener niveles de incertidumbre bajos, adhesión social y garantizar el desarrollo futuro. En ello, la socialización organizacional tiene un impacto específico y puede ser la diferencia entre abandonar un lugar incierto y estresante, o germinar las fortalezas en un entorno que genere confianza, logros y adhesión emocional. En el siguiente capítulo, explicaremos ampliamente cómo funciona la socialización y cómo puede convertirse en un recurso para la salud mental.

CAPÍTULO III
LA SOCIALIZACIÓN ORGANIZACIONAL

¿Por qué es tan importante la interacción para las personas? ¿Por qué estudiar la salud mental positiva o el funcionamiento humano desde el punto de vista cultural? ¿Por qué adaptarse al contexto cultural de la organización es tan importante? Una de las tesis centrales de este libro es justamente ese planteamiento: Que la socialización organizacional tiene un papel central como recurso para la salud mental positiva en el trabajo y genera efectos importantes en muchas de las variables del funcionamiento organizacional. Por ello, en este capítulo se explica ampliamente qué es este proceso, de dónde surge y con qué se le ha relacionado.

Antes de empezar a describir con detalle y llenar de referencias teóricas el texto, sugiero que imaginemos a un nuevo empleado en una organización que ha buscado empleo por meses, y que al fin lo ha encontrado. ¿Cómo son los primeros días de ir al trabajo? Probablemente llenos de incertidumbre respecto a si podría quedarse o no el empleo, con dudas también sobre sus propias habilidades o capacidad de aprendizaje y sobre todo, si encontrará personas que lo acepten como compañero.

Otro escenario posible es el de un conjunto de trabajadores operativos de una fábrica de cerveza de una empresa trasnacional. En ese lugar, los tipos de producto y la cantidad de cada uno varía de acuerdo con las demandas del mercado. Nunca es estable y tienen que estar alertas ya que sus líderes cambian constantemente las órdenes de trabajo. ¿Cómo se maneja la ansiedad constante por los cambios?

Muchas de estas posibles historias dieron origen al estudio de como las personas se adaptan a la cultura organizacional y actualmente también, a la investigación de los cambios constantes en las organizaciones debido a la gran variabilidad financiera, social y tecnológica. A esta capacidad o proceso se le llamó socialización organizacional.

Los antecedentes del estudio de la socialización organizacional se encuentran en el concepto de cultura organizacional, y en las investigaciones de fines de los años 70 y principios de los 80 del siglo XX. El concepto de socialización organizacional surge con el estudio de Van Maanen y Schein (1979), y se consideró como la forma en que las organizaciones garantizan su supervivencia, mediante un proceso de enseñanza aprendizaje que lleva a cabo la organización hacia los miembros que recién se incorporan a esta, o a quienes presentan comportamientos alejados de los que se consideran adaptados o cercanos a la cultura de la organización.

Es posible encontrar que, en comparación con otros temas relacionados con el ingreso a la organización, la socialización organizacional tiene menos cantidad de investigación y una gran disparidad entre la teoría y los datos. Asimismo, un escueto desarrollo empírico, por lo que ha recibido una gran cantidad de críticas por sus estudios mayormente descriptivos y carentes de pruebas empíricas, que van desde lo metodológicamente débil, hasta lo inadecuado. Esto la convertía en un área fragmentada que impedía su estudio apropiado, según lo comentaron Saks y Ashfort, (1997), quienes efectuaron una revisión de las investigaciones sobre socialización organizacional para establecer un vinculación teórica y práctica que permitiera crear nuevas líneas de investigación.

La socialización organizacional se ha estudiado desde diferentes enfoques teóricos, uno de ellos es desde la "Teoría de la Reducción de la Incertidumbre" (Falcione y Wilson, 1988). En la cual, la incertidumbre se ha conceptualizado como la incapacidad que un individuo tiene para anticipar las acciones, sucesos o información del entorno en el que interactúa, lo que puede causarle ansiedad (Pinazo-Calatayud, 2006; Berger y Cummings, 1979; Milliken, 1987). Reducir la incertidumbre (figura 9) es altamente relevante y significativo para el desarrollo de las personas, los grupos y las organizaciones, ya que a medida que disminuye, los trabajadores recién llegados pueden adaptarse mejor a sus tareas, sentirse más satisfechos con su empleo y aumentar sus posibilidades de permanecer en la organización (Bauer, Morrison y Callister, 1998).

Figura 8. Esquema de reducción de incertidumbre

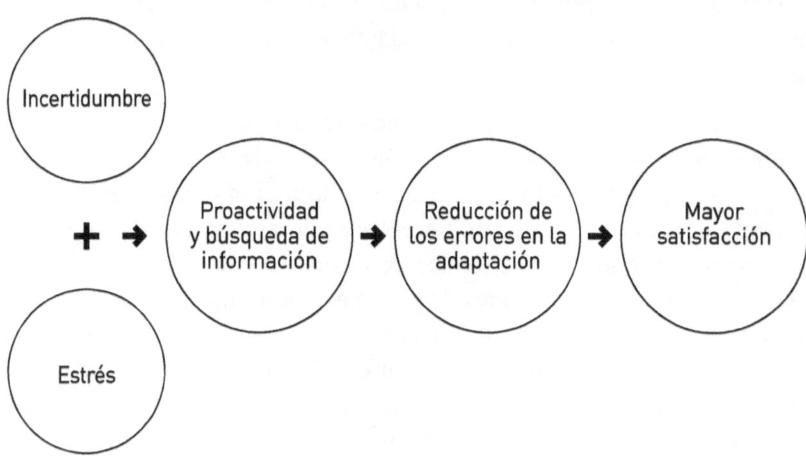

Es decir, este enfoque se refiere a los estados psicológicos que experimentan los individuos recién llegados a una organización, busca reducir los altos niveles de incertidumbre mediante sus propios comportamientos, volviendo su ambiente más previsible, comprensible y controlable (Saks y Ashfort, 1997). Para esta teoría, las personas desarrollan conductas reactivas y proactivas para conseguir información y/o iniciar acciones que les produzcan estar al tanto de las normas y roles, con el objetivo de que eviten cometer errores.

"La Teoría Social Cognitiva" (TSC) (Bandura, 1986, 1997), por otra parte, aborda la socialización organizacional desde un planteamiento parecido a la Teoría de Reducción de Incertidumbre, sólo que en este caso no se hace énfasis en los comportamientos proactivos o reactivos de un trabajador para reducir la incertidumbre, sino en las creencias que tiene un individuo en su propia capacidad para hacerle frente a las demandas laborales.

Según la TSC existen tres causas para el comportamiento humano y el funcionamiento psicosocial: el comportamiento mismo, los eventos cognitivos, los factores personales y ambientales que se influyen recíprocamente. En ese sentido, Bandura (1997), propone que la autoeficacia y la proactividad, tienen relación con la satisfacción de los individuos en el medio organizacional, ya que se podría afirmar que la socialización es un proceso de aprendizaje de la cultura organizacional y concierne tanto con el aprendizaje social, como a otros estados psicológicos motivantes o satisfactorios.

Para entender qué es la autoeficacia, podemos definirla como "las creencias en las propias capacidades para impulsar la motivación, los recursos cognitivos, y los comportamientos necesarios para cumplir las demandas situacionales" (Wood y Bandura, 1989, p.408). Este concepto se refiere a las acciones e ideas que un individuo siente que es capaz de realizar, en un contexto o tarea específica. Ser autoeficaz y percibir dominio respecto al propio trabajo (la capacidad de tomar decisiones y la autonomía en el contexto laboral), permite a los sujetos lograr una sensación de poderío de su misión y rol en la organización (Bar-Haim, 2007; Ostroff y Kozlowski, 1992). Tales creencias son adoptadas a través de un aprendizaje vicario, tal puede ser el modelamiento de supervisores y compañeros de empleo. Una de las principales consecuencias del aprendizaje, es que los trabajadores logran clarificar mejor sus roles, optimizar su productividad y satisfacción laboral, y naturalmente ello significa funcionar adecuadamente al desarrollar sus propias fortalezas y capacidades.

Desde el punto de vista de la teoría sociocognitiva, son identificados tres aspectos relevantes del proceso de socialización organizacional: 1) el modelamiento y el aprendizaje vicario (imitación), facilitado por personas que ocupan el mismo puesto que el recién llegado (como en la formación dual), y por el inmediato superior (entrenamiento en el puesto); 2) los llamados "sistemas de portería" que consisten en asignar mentores temporales y tutores a los nuevos miembros; y finalmente, 3) los mecanismos de autorregulación individual que posee el individuo, como la autoeficacia percibida que se menciona más adelante cuando se revisa el capital psicológico, compromiso organizacional y work engagement.

En cuanto a la "Teoría Cognitiva y de Creación de Sentido" (Louis, 1980), se propone que las personas recién contratadas en la organización son las que buscan dar un aspecto de discernimiento a los eventos desconocidos y/o sorpresivos que experimentan durante la socialización.

De acuerdo con esto, los nuevos miembros realizan una búsqueda de información mediante un proceso reflexivo, en donde interpretan y atribuyen significados a las situaciones de interacción en las que ocurren eventos no previstos. Los recién llegados se esfuerzan por generar conceptos o categorías comprensibles de las situaciones que viven en la organización, y así poder formar un mapa cognitivo o un esquema de referencias interpretativas de la organización y su cultura (Saks, 1996; Reichers, 1987; Falcione y Wilson, 1988). Como se ha revisado en estos antecedentes, el estudio de la socialización organizacional es abordado desde distintos enfoques, y todos ellos hacen énfasis en dos aspectos básicos; el primero es que la interacción social es la base fundamental del proceso de socialización organizacional; y el segundo, que las interacciones con personas experimentadas en el trabajo, son la fuente en que los individuos se basan para desarrollar comportamientos adaptativos y realimentar la cultura organizacional (Saks y Ashfort,1997).

EFECTIVIDAD DE LA SOCIALIZACIÓN ORGANIZACIONAL

Lo importante de conocer los modelos teóricos de socialización organizacional, es identificar los factores contextuales que hacen que este sea efectivo. Por ejemplo, a nivel del medio ambiente de la organización, debemos analizar el impacto de aspectos como la cultura nacional y regional, las leyes, normas y reglamentos; y al interior de esta, la organización en sí; el grupo, su tamaño y composición demográfica, para así concluir con los esquemas de la tarea, como son las condiciones ergonómicas y el diseño del puesto de trabajo. También es importante que, al valorar su efectividad, se identifiquen cuáles son las tácticas de socialización que utiliza la organización, para ello se identifican los programas de tutoría, consejería, orientación y programas de entrenamiento que existan en la organización. Dentro de los factores de socialización grupal, son incluidas tácticas específicas relacionadas con el apoyo social, y el aprendizaje cognitivo social.

Finalmente, en el nivel individual se incluyen los métodos de socialización que emprenden los recién llegados: proactividad, búsqueda de información, construcción de relaciones, y la autogestión de los miembros de la organización. El resultado de este análisis contextual que contiene los factores externos, organizacionales, grupales y del puesto, puede determinar que tan efectiva es la formación de creencias de autoeficacia que los trabajadores desarrollan para darle un razonamiento a su experiencia y con ello, reducir la incertidumbre a la que se enfrentan, además de observar que tan amplio y adaptativo es el repertorio de comportamientos de los empleados.

Figura 9. Iceberg de la efectividad de la socialización organizacional.

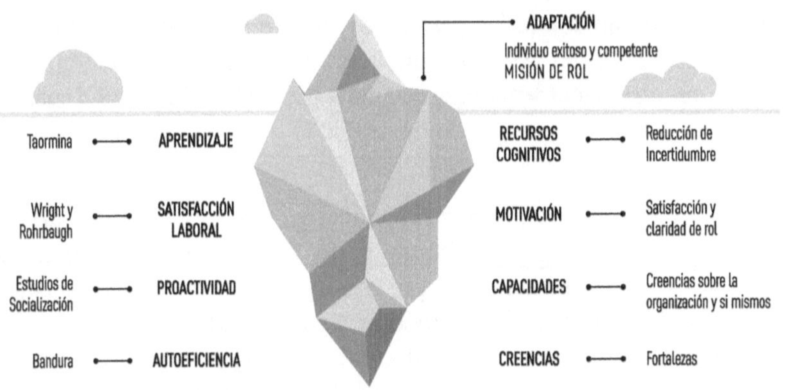

IMPACTO DE LA SOCIALIZACIÓN

Cuando analizamos la efectividad de la socialización organizacional por sus resultados cronológicos, podemos advertir los efectos positivos en varios niveles. Por ejemplo, en el corto plazo un individuo podrá incrementar su nivel de motivación laboral cuando haya clarificado su rol y generado una identidad social en la organización, asimismo, el ajuste al puesto de trabajo, además de la adquisición de habilidades que facilitará su integración social. En el largo plazo, la persona socializada podrá experimentar menor estrés laboral, sentirse satisfecha con su trabajo, un compromiso organizacional alto y con más probabilidades de desarrollar conductas de apoyo y altruismo hacia sus compañeros. En cuanto a las mejoras en el desempeño, la disminución del ausentismo y la rotación del personal, son causadas por una socialización exitosa, al igual que el sentimiento de conformidad y la innovación en el rol de trabajo de los miembros de la organización.

A nivel grupal puede observarse que los individuos mejor socializados crean equipos con culturas más fuertes, así como una eficaz cohesión social. Esto favorece la estabilidad de los miembros porque notan que participan en equipos con prestigio social dentro de la organización al obtener mejores resultados. En el nivel organizacional se obtienen como resultado, culturas fuertes con una moral elevada y una buena reputación, producto de una membresía estable y de alta efectividad alcanzada por el desempeño de los equipos y los individuos. Como conclusión, se establece que la socialización puede observarse a través de las formas en que esta se transmite en el marco de lo individual, y de acuerdo con sus resultados en el tiempo; es decir, puede medir su eficacia de acuerdo con la integración social que produce y a la duración de sus resultados. Es decir, una organización en la que los miembros se socializan adecuadamente crea recursos para la productividad, para el bienestar y también para la competitividad. En contexto, la socialización efectiva es una ventaja competitiva para las organizaciones.

La forma de precisar la socialización organizacional ha sido variable a lo largo del tiempo. Sin embargo, existe el consenso entre los investigadores de que se trata de un proceso que involucra el aprendizaje y la interacción social de los individuos (Saks y Ashfort, 1997). La importancia del estudio de la socialización organizacional es un proceso de aprendizaje que hace que los individuos adopten las conductas que mejor les consientan adaptarse a las organizaciones, a sus grupos de trabajo, así como alcanzar su propio bienestar dentro de la empresa. Así pues, aprovechar el conocimiento de las fuentes del aprendizaje individual en las organizaciones tiene valor estratégico para estas, ya que posibilita la creación de técnicas de gestión e intervención que sean saludables para las personas, los grupos de trabajo y la organización en general. Un individuo que tiene la posibilidad de involucrarse en un medio con menor cantidad de incertidumbre presenta una menor cantidad de estrés y de ansiedad y por lo tanto es más adaptable, creativo y productivo para sí mismo y para los demás.

CULTURA ORGANIZACIONAL Y SOCIALIZACIÓN

Las organizaciones son construcciones sociales y culturales. También puede decirse que son parte fundamental de las sociedades humanas de la actualidad. En ese aspecto, Hall (1996) estudia las organizaciones para saber que tienen de relevantes en la vida y en la conducta actual de los individuos, de las sociedades, de las naciones, de las familias, siendo este el eje central de su investigación. Menciona que "las organizaciones son un componente dominante de la sociedad contemporánea. Nos rodean. Nacimos en ellas y por lo general morimos en ellas". No sólo eso, sino que constituyen parte del entramado de la sociedad como tal: "Desde una perspectiva sociocognitiva, las organizaciones son vistas como construcciones sociales, constituidas y reproducidas a través de la interacción social" (Topa Cantisano, Lisbona Bañuelos, Palací Decals y Alonso Emo, 2004).

Reafirmando esto, se puede decir que la vida de las personas en las organizaciones, ocupan grandes cantidades del tiempo; desde el hecho de usar el transporte público para ir a la escuela, al trabajo, o su misma vida en el agrupamiento habitacional en el que coexisten con más individuos; y por supuesto, asistir a los centros de trabajo, guarderías, escuelas, empresas. Hay tantos ejemplos de cómo las organizaciones conducen la vida de las personas y a su vez, son estructuradas por otros sujetos que las utilizan para sus propios fines. La visión de Hall, permite advertir y ejemplificar con claridad que a partir de esas interacciones, las organizaciones tienen una gran importancia en las sociedades actuales, y menciona que:

Las organizaciones tienen la capacidad de hacer mucho bien o mucho mal. La mayoría se encuentra en algún punto intermedio, lo que nos lleva a la segunda respuesta de por qué debemos estudiar las organizaciones: Las organizaciones tienen resultados. No son objetos benignos. Diseminan el odio, pero también salvan vidas y quizás almas (Hall, 1996, p. 35).

Debido a que los estudios de Van Maanen y Schein (1979), Feldman (1981), y de Van Maanen y Barley (1985), mencionan que la socialización organizacional cumple la función de difundir la cultura de la organización y permite que los individuos que ingresan y se mantienen en una empresa la aprendan y la retroalimenten, se definirá entonces qué es la cultura organizacional de manera breve. Efectivamente, como menciona Hall (1996), las organizaciones tienen resultados tangibles e intangibles, y uno de ellos es la cultura de la organización (Schein, 1992; Van Maanen y Schein, 1979; Ouchi y Wilkins, 1985; Hofstede, 1980). Sin embargo, aunque el concepto de cultura organizacional ha sido ampliamente estudiado, ∂hasta la fecha se considera una noción sobre la cual no hay un consenso claro; como refiere DiMaggio (1995), hay diferentes definiciones para cultura organizacional, pero en cuestión de comprender qué es desde el ámbito de la psicología de las organizaciones, se menciona lo siguiente:

Cultura organizacional es el patrón de premisas básicas que un determinado grupo inventó, descubrió o desarrolló en el proceso de aprender a resolver sus problemas de adaptación externa y de integración interna y que funcionaron suficientemente bien a punto de ser consideradas válidas y, por ende, de ser enseñadas a nuevos miembros del grupo como la manera correcta de percibir, pensar y sentir en relación a estos problemas (Schein, 1992, pág. 56).

A partir de este concepto, se entiende que hay una relación intrínseca con la socialización organizacional, debido a que se trata de los grupos de conductas que una empresa define como estratégicas y valiosas para ser transferidas. La cultura organizacional está conformada por aspectos importantes que, según Canú (Toca y Carrillo, 1997) son: las formas de convivencia, las reacciones ante los eventos comunes, los métodos de trabajo, y las perspectivas ante otros equipos de trabajo. El elemento más importante de estos, es la conducta social, o formas de interacción (Schein, 1992) que se aprende mediante la convivencia de los empleados y que sirve para el trabajo, dígase, por ejemplo, la negociación.

La forma de explicar cómo se aprende y se enseña la cultura organizacional, es mediante el aprendizaje psicosocial para que esta pueda ser transmitida. Al respecto, Denton (Delgado Abella y Forero Aponte, 2004) afirma que los miembros de un grupo comparten fenómenos psicológicos como las actitudes y valores, asimismo elementos materiales que son introducen por medio de la imitación o la enseñanza a los nuevos trabajadores. Es sabido que cada organización desarrolla su propia cultura, un conjunto de creencias y comportamientos intangibles que dan identidad y permiten afrontar las demandas de la competitividad mediante la integración.

SOCIALIZACIÓN ORGANIZACIONAL

Los empleados o trabajadores adoptan los patrones, creencias y valores que forman la cultura de la organización mediante la interacción social con las personas que la constituyen. A ello le llamamos socialización organizacional, como fue denominado por el estudio de Van Maanen y Schein (1979) "Toward a Theory of Organizational Socialization". Para estos autores no se había respondido a la pregunta de cómo se transmitía la estructura de vida de la organización de una generación a otra, dentro de la misma. Por ello, postularon que se realiza a través de un proceso de socialización que implica la transmisión de información y valores que explican cómo se transmite la cultura al interior de la organización. Esto faculta a sus miembros en una forma de hacer frente a los cambios constantes que hay en el ingreso a las organizaciones, o durante actualizaciones tecnológicas.

La socialización organizacional sucede igual que el aprendizaje social, de manera paulatina y mediante eventos de interacción social. Los individuos nuevos llegan a la organización desconociendo las formas de interactuar, de pensar y de sentirse; están sin una identificación con la empresa y tal vez con el potencial para generar cambios en su entorno, lo que no significa que se vayan a ajustar a ella. Esas personas usan de guías a los miembros más antiguos quienes sirven de modelo, interactúan y en general, encuentran formas de asegurar que los individuos se acomoden a la organización. Numerosos estudios han abordado el proceso que una persona transita, que va desde ser ajena a la empresa, a convertirse en un trabajador integrado, utilizando el término socialización (Van Maanen y Schein, 1979; Sarchielli, 1987, Wanous, 1992; Thomas y Anderson, 2005).

Este proceso logra que las personas sepan cómo está organizado el trabajo y las jerarquías de la organización, además de cuáles son las costumbres y tradiciones de los trabajadores. La socialización organizacional es el esquema a través del cual "los nuevos miembros deben ser enseñados a ver el mundo como lo hacen sus colegas con más experiencia organizativa y en las tradiciones para que la organización pueda sobrevivir". (Van Maanen, citado en Lisbona, et al., 2009, p 90).

EL CONCEPTO DE SOCIALIZACIÓN ORGANIZACIONAL

Existen varios modelos de este concepto y definiciones varias. Según Furnham (2001), la Socialización Organizacional es la fase mediante la cual una persona conoce los valores, normas y conductas requeridas que le permiten participar en la organización como miembro de esta. Tiene efectos principalmente en el compromiso y en la forma de afrontar los conflictos, y se observa específicamente como un proceso que se relaciona con el aprendizaje social al tener que aprender las normativas sociales en la organización. Van Maanen y Schein (1979) menciona que "la socialización organizacional es el proceso por el cual un individuo adquiere el conocimiento social y las habilidades necesarias para asumir un papel organizativo", también dicho por los mismos autores. Para Chao, O´Leary-Kelly, Wolf, Klein y Gardner (1994), la socialización organizacional es conceptualizada como el "aprendizaje de contenidos y procesos según los cuales un individuo se ajusta a un rol específico en una organización". Nótese que el ajustarse a esta conceptualización, tiene en este caso una relación con el aprendizaje de un rol, es decir, con los comportamientos individuales específicos requeridos y definidos por la empresa, y no solamente con generalidades de las formas de conducirse.

Van Maanen y Schein (1979) describieron las tácticas organizacionales como caminos mediante los cuales los sujetos que se encuentran en la adaptación de un rol a otro, estructuran sus experiencias en las organizaciones. Este modelo considera seis dimensiones por las cuales las tácticas pueden variar:

Colectivo vs. Individual, que se refiere al grado en que las tácticas están dirigidas hacia una aplicación colectiva definiendo un conjunto de experiencias individuales o colectivas; Formal vs. Informal, el cual relata la proporción en que los individuos que están siendo socializados, son asignados a un entrenamiento formalizado o informal; Secuencial vs. al Azar, es el grado en que la empresa especifica o no, una secuencia de niveles dirigidos al aprendizaje del rol; Fijo vs Variable, se refiere a la existencia o no de un cronograma del compromiso del individuo con la organización y cuyo contenido se le comunica al contratarlo; Serial vs. Disyuntivo, explica el grado en que el principiante debe imitar o no a sus predecesores; Inversión vs Desinversión, en la que se define la proporción con la que el proceso de socialización ratifica o no la identidad y aprendizajes previos del participante (De Olivera, et al., 2001, pág. 175-176).

Jones (1983) en su investigación sobre la orientación psicológica y el proceso de socialización organizacional, argumentó que cuando se toma en cuenta la orientación del recién llegado hacia la organización, las diferencias individuales y los procesos atribucionales moderan la posterior adaptación del recién llegado a la empresa, los resultados personales y la orientación de roles. Consecutivamente, en 1986, sugiriendo que las seis dimensiones propuestas por Van Maanen y Schein reflejaban una sola polaridad global, la cual era la dimensión institucionalizada vs individualizada, realizó un estudio sobre la relación entre las tácticas de socialización empleadas por organizaciones, orientación de roles y resultados personales.

También, examinó los efectos de la autoeficacia sobre la orientación a seguir, y obtuvo como resultado que diferentes patrones de socialización conducen a distintas maneras de ajuste de los individuos recién contratados en las organizaciones. Específicamente, las tácticas institucionalizadas conducen a orientaciones de rol tutelados, y las tácticas individualizadas a orientaciones de rol innovador. Asimismo, los resultados sugirieron que la autoeficacia modera este proceso de aprendizaje, concretamente, los niveles bajos de autoeficacia en individuos de nuevo ingreso, lo que producía una fuerte orientación al rol tutelado.

Blau (1988) realizó un estudio sobre el aprendizaje de las estrategias de socialización en empleados de una compañía de seguros, los resultados sugirieron que la calidad percibida en la relación de los individuos recién incorporados y los individuos que están dentro de la organización, puede ser importante para influir en el éxito del aprendizaje de una estrategia de socialización organizacional en las personas de nuevo ingreso. Además, se mostró que la relación entre empleado y mánager tiene una importancia directa y efecto moderador en los resultados del trabajo.

En cuanto Baker y Feldman (1988), su estudio fue para examinar el impacto de las diferentes estrategias de socialización organizacional sobre diversas variables en los empleados recién ingresados. Los resultados sugirieron que los programas institucionalizados de socialización, facilitan el ajuste de los trabajadores en mayor medida que los procedimientos individualizados. Y que los de socialización, confirman que la competencia de los empleados y la autoestima (denominados procedimientos de investidura), conducen a actitudes laborales más positivas que los procedimientos basados en la cesión o en la degradación.

Taormina (1994) consideró el impacto de las percepciones de los empleados en el proceso de socialización, y desarrolló un modelo de socialización organizacional de cuatro dimensiones: entrenamiento, comprensión, apoyo de compañeros y perspectivas de futuro. Asimismo, Chao, O´Leary-Kelly, Wolf, Klein y Gardner (1994) definieron seis dimensiones de socialización organizacional: dominio del rendimiento, personas, política, lenguaje, metas y valores organizacionales e historia. Mientras que Ashforth y Saks (1996), realizaron un estudio utilizando los datos de autoinformes proporcionados por graduados de la escuela de negocios después de cuatro y diez meses en sus nuevos puestos de trabajo, para evaluar los efectos de las seis tácticas de socialización de Van Maanen y Schein (1979), sobre los tipos de ajuste de los nuevos empleados y los refinamientos de las medidas existentes de tácticas de investidura y la innovación del rol. Los resultados indicaron que las tácticas agrupadas en un enfoque institucionalizado (vs individualizado), se relacionaron negativamente con el intento y la actual innovación de rol, ambigüedad de rol, conflicto de rol, síntomas de estrés, y las intenciones de abandono. De igual manera, se encontraban conectadas positivamente con la satisfacción laboral, compromiso organizacional e identificación organizacional. El rendimiento autoevaluado se asoció con mayor socialización individualizada.

Feldman (1997), interesado en la atención médica de alta calidad, realizó una investigación para examinar la socialización organizacional de los empleados de hospitales en la forma en que estos se sienten atraídos, reclutados tanto en su desarrollo y entrenamiento. Se utilizaron los datos de las entrevistas y cuestionarios recolectados de 118 empleados (enfermeras, auxiliares de enfermería, técnicos en radiología, comerciantes y empleados de contabilidad). Identificó, de forma primaria tres etapas distintas de socialización y especificó las actividades realizadas por los empleados en cada fase. Después identificó cuatro variables como posibles resultados de la socialización (satisfacción general, influencia mutua, motivación interna e implicación con el trabajo) y empíricamente vinculó aspectos importantes del proceso de socialización a esos resultados. Por último, identificó y explicó algunas diferencias entre las experiencias de trabajadores profesionales, paraprofesionales, y no profesionales, y trazó las implicaciones en la realización de los programas de socialización en hospitales.

Thomas y Anderson (1998) elaboraron un estudio sobre los cambios en los contratos psicológicos de los reclutas recién ingresados en el Ejército Británico. Se encontró que las expectativas de los reclutas recién ingresados al ejército incrementó significativamente en varias dimensiones; estos cambios fueron predichos por el aprendizaje sobre la vida en la milicia, y lo más importante, que estos cambios eran generalmente hacia las normas internas de los soldados experimentados. En cuanto al estudio más reciente en socialización organizacional en México, este pertenece a Calderón, Laca, Pedroza y Moreno (2015), donde se examina el posible efecto de la socialización organizacional sobre el compromiso organizacional en los trabajadores mexicanos, con edades entre 20 y 60 años. Estos utilizaron el Inventario de Socialización Organizacional (OIS) de Taormina (1994) y el Cuestionario de Compromiso Organizacional (CCO) de Meyer y Allen (1984).

Los resultados obtenidos indicaron que los cuatro factores de la socialización organizacional, presentaban correlación positiva con el compromiso afectivo (figura 7) y el normativo. Los empleados que experimentaron una socialización organizacional que les facilitó la adquisición de las habilidades, comprensión funcional, apoyo social y posibilidades de conseguir beneficios en la organización, desarrollaron una adhesión emocional dentro de la organización, lo que permitió una fácil aceptación de normas y desarrollo de sentimientos de obligación hacia la empresa. Las derivaciones de este estudio mostraron la importancia de la socialización organizacional sobre la implicación de los trabajadores en las instituciones (Calderón Mafud, et al. 2015).

Figura 10. Correlación de la socialización organizacional y el compromiso afectivo.

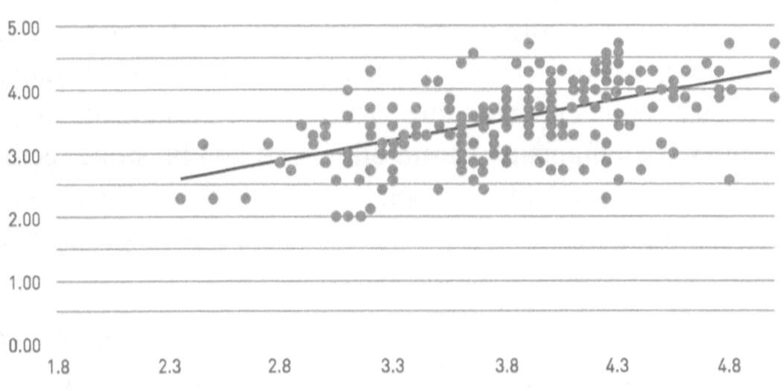

Feldman (1981), definió la socialización organizacional como un proceso que ocurre entre los recién llegados a la organización, siendo para él, la adquisición de un conjunto de roles conductuales apropiados y el ajuste a las normas y valores del grupo de trabajo. Feldman hace mucho énfasis en sus estudios para determinar la forma en que se adquieren dichos papeles, pudiendo decir que principalmente se orientaba desde el aprendizaje social. Fisher (1985), también definió la socialización como un proceso de aprendizaje y de cambio. En el mismo sentido, Taormina (1994, 1997, 2004) enfatiza la idea de que la socialización es un proceso de aprendizaje por el cual, la persona aprende a trabajar en una determinada organización, pero añade que también lleva a aceptar y creer en la manera más apropiada de comportarse en dicha empresa.

La socialización organizacional es un proceso de aprendizaje de las formas de trabajar, interactuar y en general de comportarse adecuadamente en una organización, tomándose por apropiada aquella que le sea más efectiva al individuo, a los grupos y a la empresa para así alcanzar los objetivos comunes y mantener la cohesión social. Entender los contenidos de la socialización permite advertir de qué manera actúan y de hecho, algunas de las investigaciones realizadas buscan saber cómo forma opera esta, en relación con diferentes variables de la organización.

El modelo de Socialización Organizacional de Taormina (figura 8) El modelo de Socialización Organizacional de Taormina (1994, 1997), establece que este opera en cuatro dominios o dimensiones de socialización organizacional. Cada uno de ellos representa una categoría teórica que hace referencia a los aspectos estudiados por la socialización organizacional, entre los que se han determinado ciertas relaciones. Según el modelo, cada dominio opera en diferentes contextos organizacionales al mismo tiempo que los otros, lo cual propone una innovación al estudio de la socialización de los trabajadores, porque plantea que no actúan por separado, como algunos autores han abordado este fenómeno, sino que lo hacen en continuidad, ya que hay una relación y simultaneidad entre ellos. Los nombres que reciben las dimensiones que componen la socialización organizacional son entrenamiento, comprensión, apoyo de los compañeros y perspectivas de futuro.

El entrenamiento se refiere a la forma en que cada empleado o miembro de la organización adquiere las competencias profesionales, habilidades y conocimientos específicos para llevar a cabo su trabajo. El entrenamiento pueden ser los actos, procesos o métodos a través del cual el empleado haya obtenido el aprendizaje. De acuerdo con esta definición, es posible observar el entrenamiento como un evento individual o colectivo en el que se pase por un proceso de aprendizaje usando métodos para tal fin. La comprensión se refiere al conocimiento que se ha adquirido respecto al funcionamiento de la organización. Este conocimiento se advierte en forma de cogniciones o maneras en que un miembro de la empresa ha desarrollado para aprehender su medio y aplicar sus conocimientos al trabajo, al modo de interactuar con sus compañeros, y a la aplicación de estos estilos de comunicación interna a su cultura. Se habla de habilidades de pensamiento que el individuo posee para instruirse en aspectos nuevos dentro de un medio desconocido.

El procedimiento aplicado a la organización, es parecido al término de la metacognición para el aprendizaje. El apoyo de los compañeros es conceptualizado por Taormina (1997), como el soporte social que recibe un individuo y que tiene como base el apoyo emocional basado en las relaciones sociales que el trabajador obtiene de otros compañeros de la misma organización, y que tiene la finalidad de reducir la incertidumbre del estrés y la ansiedad ante el empleo. Finalmente, lo que se llama perspectivas de futuro es todo aquello que el individuo piensa que podría obtener de la organización en términos profesionales y relacionados con el futuro de su carrera. Aquí pueden incluirse los ascensos, la remuneración y en general, aquello que sea considerado una recompensa relacionada con el desarrollo profesional.

Es muy importante establecer el modo en que se explica el esquema de cuatro dimensiones de Taormina, porque como antes se mencionó, hay simultaneidad y continuidad en sus relaciones, y se corre el riesgo de pensar que pueden interpretarse por separado, cuando estos podrían representarse de la siguiente forma, tal y como nos muestra la gráfica elaborada a continuación.

Figura 11. Modelo de Socialización Organizacional de Taormina (1994)

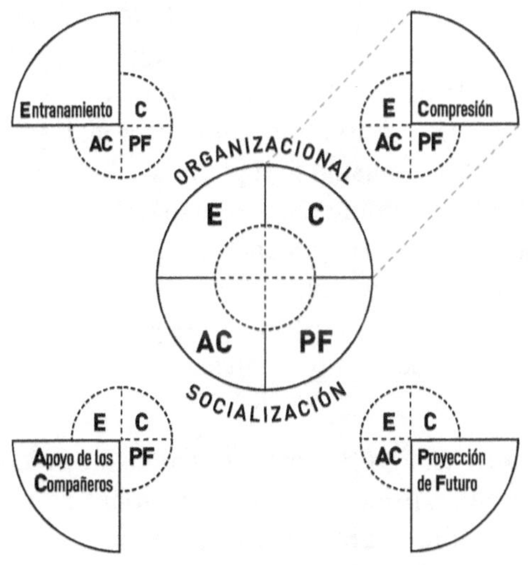

Fuente: Elaboración propia a partir del modelo de Bravo (2001).

En la Figura 8 se puede observar con claridad cómo cada uno de los cuatro dominios, se sobreponen a los otros, pero siempre funcionan al mismo tiempo. De modo que no hay forma de que uno prevalezca sobre los demás. Aunque en términos conceptuales cada dimensión tiene su propio ámbito, al observarse conductualmente aparecerá la dimensión antecedente de socialización organizacional. Así pues, cuando surge el apoyo de los compañeros para animar emocionalmente, o brindar una herramienta de trabajo, es porque antes de esto se manifestó el entrenamiento recibido para realizar esa labor.

Aprenderse el nombre de las personas, está en el dominio de conocimiento, mientras que la relación con las personas está en el dominio de apoyo de los compañeros, sin embargo aunque los dominios interactúen se presentan por separado para facilitar el análisis por razones de claridad conceptual (Taormina, 1997, pág. 30).

Lo más importante del modelo es que pretende dejar en claro que una vez que se percibe el apoyo de los compañeros en mayor o menor medida, se interpreta la idea sobre el entrenamiento recibido, para que así el individuo pueda generar una comprensión del entorno, y por lo tanto determinar sus perspectivas de futuro, y así sucesivamente. En el modelo de Taormina se distingue con claridad entre proceso y contenidos, de manera que cada uno de los componentes pueden recabar datos referentes a los dos. Por ejemplo, la cultura que existe en una organización en lo relativo a la forma de comunicación entre niveles diferentes de la estructura organizacional, puede ser tomada como un contenido y al mismo tiempo, un proceso que se da formal e informalmente. Cada dominio conceptualizado por Taormina (1997), se revisará a continuación, explicándolo para lograr definir claramente cada uno de ellos. Se retoma la forma de realizarlo por parte del autor, con la finalidad de mostrar en lo gráfico, cada dimensión y señalar algunas relaciones importantes con aspectos relevantes en las organizaciones.

El Entrenamiento. Es posible que no haya otro comportamiento tan importante en la psicología organizacional como el aprendizaje. Un trabajador sólo podrá alcanzar las metas que le son fijadas y contribuir a la organización si pone en práctica los conocimientos y habilidades apropiados. Taormina (1997), al igual que otros autores (Fisher 1986; Wanous, 1992) apoyan la importancia de incluir al entrenamiento en la socialización organizacional. El adiestramiento para las organizaciones se refiere en general a transferir algún aprendizaje, habilidad, competencia, o incluso actitudes necesarias para que los trabajadores se desempeñen correctamente en el puesto de trabajo que se les asigna. No todo el aprendizaje que se da en la organización es definido como entrenamiento, sin embargo, es necesario diferenciarlo porque el rol que tiene el aprendizaje en la socialización organizacional es muy amplio, y se presenta en todos los dominios; incluso, a juicio de algunos autores (Feldman, 1989; Schein, 1978) es tan importante que debería ser considerado como la propia socialización organizacional, o un proceso aparte.

El entrenamiento se presenta en formas muy variadas, va desde programas de capacitación formalmente estructurados y que se realizan de forma sistemática, hasta la misma la capacitación en el puesto de trabajo, ya sea con manuales para autoinstrucción, adiestramiento en línea, etcétera. Las personas también se involucran en actividades no sistemáticas, ni tampoco estructuradas y que también buscan que los trabajadores aprendan y desarrollen las habilidades necesarias para el puesto. Estas se dan de manera informal a través de la interacción verbal, o también por medio de la imitación de comportamientos en el puesto laboral. En este punto es preciso marcar la diferencia porque pueden encontrarse aspectos de contenido y de proceso más bien relacionados con conductas de búsqueda de información, o de conocimiento de las tareas y funciones de la labor en sí, por lo que esta indagación informativa, no se relaciona con entrenamiento, sino con el proceso de comprensión del entorno (Ostroff y Kozlowski, 1992), así como con conductas proactivas (Taormina, 2008).

Taormina (1997) en su modelo, menciona un aspecto muy relevante con relación a la socialización organizacional, dice que esta debe ser conceptualizada en un proceso continuo porque ocurre durante toda la carrera de los empleados en una organización, necesario para que los miembros de la empresa se adapten a los cambios tecnológicos, sociales, políticos y económicos del entorno. Un trabajador es entrenado desde que ingresa a la organización hasta que sale de ella, y no ocurre de manera similar para todos los individuos porque existen diferencias tanto en lo individual, como en las condiciones del entrenamiento. En la gráfica siguiente, se ejemplifica la curva del entrenamiento estructurado y no estructurado que vive un trabajador en su trayectoria laboral.

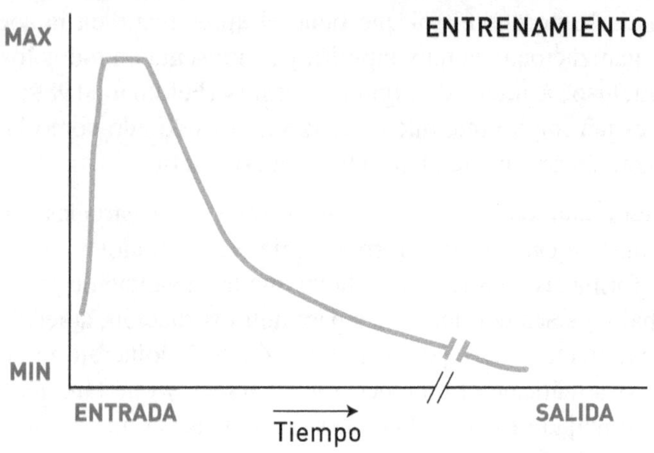

Figura 12. Gráfica del tiempo destinado al entrenamiento

Fuente: Elaboración propia a partir del modelo elaborado por Bravo (2001)

Puede ser que sea la organización la que lleve a cabo el entrenamiento o que este se presente de manera informal, en cualquier caso, será el inicio cuando más elevado sea el nivel del entrenamiento debido, precisamente a la necesidad de los recién llegados de adaptarse y con ello conseguir aprobación. Como se muestra en la gráfica, en el inicio (o sea en los primeros meses) el tiempo destinado al entrenamiento alcanza su nivel más alto, descendiendo al poco tiempo para mantenerse en un nivel bajo pero constante, mientras el trabajador se mantenga siendo miembro de la organización. El entrenamiento tiene relaciones importantes prácticamente con todas las variables concernientes al ajuste de la empresa, y en particular con el compromiso organizacional en relación con la autoeficacia percibida por las personas cuando se están mejor capacitadas (Saks, 1996). Lo cual, por supuesto tiene correspondencia con un aumento en la satisfacción laboral (Schmidt, 2010).

De acuerdo con diversos autores (Schmidt, 2010), la formación recibida por los trabajadores de manera general conducirá a que estos se sientan satisfechos con su trabajo y con la organización. Igualmente, Taormina (1997) dice que cuando los empleados revelan una alta evaluación para la formación recibida, se sienten satisfechos y con un compromiso elevado con la organización, lo que mejora su desempeño en el puesto y su relación con los compañeros de trabajo.

Comprensión. Cuando se habla de comprensión en dimensión de la socialización organizacional, se hace referencia al grado en que un empleado ha entendido la cultura de la organización y puede aplicar esos conocimientos a su propio trabajo y a la forma de interactuar con las personas de su entorno. La comprensión como dominio se refiere a la asimilación cognitiva que es parte de todo comportamiento humano, por lo que Taormina (1997) comenta que es inherente al comportamiento organizacional y debe ser pieza fundamental de la socialización organizacional, ya que se relaciona con la manera en que se establecen las creencias sobre el rol de trabajo, clarificación de tareas, roles de grupo y formas de aprendizaje organizacional (Feldman, 1981; Hartenian, Hadaway y Badovick, 2011); asimismo, con la satisfacción laboral y las intenciones de abandonar la organización (Chen, Ployhart, Thomas, Anderson y Bliese, 2011).

La comprensión puede aparecer de dos formas en la socialización organizacional: sobrepuesta con los demás dominios, y aislada (Taormina, 1997). Por ejemplo, cuando un trabajador tiene que conocer primero las advertencias de seguridad antes de ser capacitado en el uso de una herramienta, máquina o sustancia peligrosa. Así como un componente cognitivo, la comprensión puede utilizarse de forma aislada para analizar la conducta de los trabajadores y desarrollar técnicas de intervención encaminadas al mejoramiento del empleo, de la satisfacción laboral, y del desempeño de los equipos de trabajo (DeChurch y Mesmer-Magnus, 2010). Cada uno de los dominios de la OS, tiene su propio contenido que debe ser aprendido, y además hay otras áreas con las que hay una fuerte relación a la hora de explicar el comportamiento organizacional.

La reducción de incertidumbre y ansiedad frente a la organización (Buchanan 1974; Falcione y Wilson, 1988) es una de las funciones importantes que cumple la comprensión de esta, además de permitir la creación de relaciones de apoyo y mentoría (Filstad, 2011), entender el estatus del rol de trabajo (Fisher, 1985) y facilitar la formación del compromiso afectivo en los trabajadores (Meyer, et al. 1998; Mitus, 2006). La comprensión subyace a los comportamientos presentes en todos los empleados: la búsqueda de información sobre su empleo, la búsqueda de retroalimentación, roles de los equipos, exploración de la organización, como lo son sus valores, cultura, metas, y política (Fang, Duffy y Shaw, 2011; Jones, 1986; Louis 1980; Ostroff y Kozlowski, 1992).

Entender el lenguaje que hay que utilizar en la organización, la historia, la estructura de poder y su estatus, son áreas que el trabajador identifica como objetivos importantes para su adaptación (Chao et al., 1994), y en este caso no se sobreponen con otros dominios si son mucho más amplios que el concepto de rol. La comprensión debe ser considerada como un proceso continuo que se realiza en varias etapas. Taormina (1997) menciona que al menos deben considerarse tres: la Anticipada (Feldman, 1981), en la que se comprenden las obligaciones del trabajo, los objetivos y el clima de la organización; de Encuentro, en la que el objetivo es conocer el rol de trabajo y la naturaleza de los conflictos; y de Ajuste a las normas en que los trabajadores buscan y reciben información acerca de manera continua y se adaptan a ellas, así como a los valores cambiantes de los grupos a los que pertenecen.

El nivel de la comprensión es bajo en la primera etapa, porque la cantidad de información que tiene el trabajador es poca, y sin embargo no debería de ser nula. Enseguida, cuando las personas entran a la organización comienzan a acumular referencias; pasan de no saber dónde buscar información (en los primeros días), hasta convertirse en un empleado proactivo que ha identificado las fuentes confiables y genera vínculos que aumentan su entendimiento, para después incrementarlos con el tiempo, siempre en una estructura mantenida. La etapa final de la carrera del trabajador es el momento en el que mayor capacidad tiene sobre su trabajo y de su entorno organizacional.

Figura 13. Cantidad acumulativa de conocimiento logrado por los miembros en función del tiempo Taormina (1997)

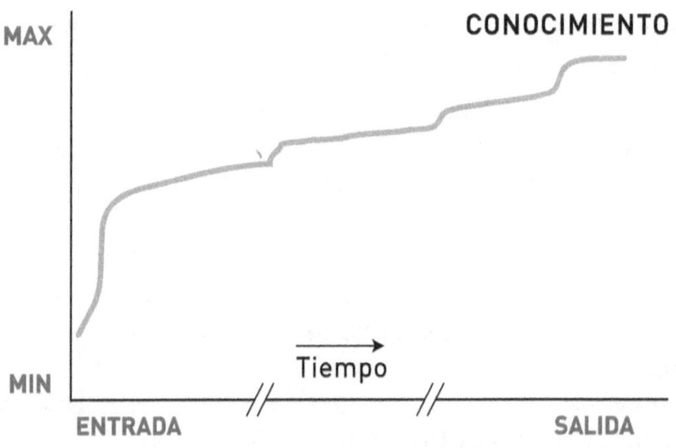

Fuente: Elaboración propia a partir del modelo elaborado por Bravo (2001)

Según Taormina (1997) la cantidad total de comprensión alcanzada por los empleados acerca de su organización, tiene una relación con el compromiso y la satisfacción en el trabajo a corto plazo (los primeros dos años), y una alta correlación positiva con la responsabilidad y la satisfacción laboral en períodos de pertenencia más largos (más de cinco años). O sea que los empleados que tienen más antigüedad deberían tener un compromiso organizacional más elevado (Ostroff y Kozlowski, 1992), porque comprenden mejor la información de la organización, las interacciones con la gente y en general, con la cultura organizacional.

Morrison (1993), comenta que estas correspondencias no son claras y que puede deberse a otras variables, por lo que, para él y sus estudios de regresión, la comprensión está relacionada con la implicación con el trabajo, la satisfacción con el empleo, las percepciones de la organización, el propio desempeño y el compromiso afectivo, normativo y de pertenencia. La comprensión como dominio continuo permite a los trabajadores facilitar su interpretación de los elementos informativos que buscan, y así desarrollar los otros dominios de la socialización organizacional, sin embargo, debe de ser analizada en un conjunto amplio de variables para comprenderse.

APOYO DE LOS COMPAÑEROS

Como parte del proceso de socialización organizacional que es fundamentalmente de aprendizaje, se encuentra el apoyo que se recibe en el empleo. Este puede provenir de muchas fuentes en la organización, pero principalmente de los compañeros que están en la misma jerarquía, porque es con los que más se interactúa al estar en el mismo nivel de implicación (Bar-Haim, 2007). Sin embargo, no se descartan otros agentes de apoyo social como los jefes o subordinados, incluso clientes y proveedores de la misma empresa. Al analizar el modelo de Socialización Organizacional de Taormina (1997), se define el apoyo de los compañeros como un sustento moral e instrumental que se recoge de parte de otros empleados, y que no incluye la percepción de la compensación económica recibida. Este sostén tiene como finalidad disminuir la ansiedad en el trabajo, el miedo ante circunstancias inciertas, o las dudas sobre contenidos del trabajo o del rol a desempeñar.

Hay dos formas en que los trabajadores reciben apoyo de otros empleados: la moral y emocional es la primera. Esta se refiere a estímulos verbales para que el trabajador realice alguna conducta que le ayude a mejorar su desempeño, o posición en el trabajo, pero también describe a conductas de consuelo cuando ocurren eventos frustrantes para el empleado. La segunda forma de recibir apoyo es la instrumental, cuando es necesario aceptar ayuda material para adquirir un equipo o herramienta, que sirve en la realización de alguna tarea. Una de las cosas importantes en el estudio de Taormina, es que se cubre la ausencia del factor emocional de la mayor parte de las investigaciones en OS, las cuales usualmente ubican a los compañeros de trabajo como agentes de aprendizaje (Taormina, 1997) que enseñan contenidos del puesto y la cultura de la organización. Sin diferenciar que además de la búsqueda y adquisición informativa, también el apoyo social cumple una función en la adaptación de las personas al empleo.

Para Taormina (1997) el soporte de los compañeros de trabajo está relacionado principalmente con las necesidades emocionales de los empleados, y no se remite al apoyo brindado sobre enseñar o capacitar, aun cuando en la organización las relaciones sociales entre los colaboradores adopten diferentes roles para un mismo individuo (que puede ser jefe o compañero). La consejería o el apoyo recibido mediante un pago, no es considerado sostén de los empleados, ya que ello es una condición para que un comportamiento sea considerado así, aunque la organización preste un servicio profesional de esta naturaleza, al personal.

Este dominio, como antes se mencionó tiene una fuerte relación con las necesidades emocionales de los trabajadores, y debe ser considerado básico, siendo que la socialización organizacional contiene usualmente a las emociones como base de la interacción. La carencia de apoyo social puede indicar que un empleado no se ha adaptado a sus compañeros, o que incluso no ha sido aceptado por el grupo, o que está siendo discriminado por alguna causa. Por el contrario, cuando se observa un esquema de apoyo, se asume que el trabajador tiene una especie de soporte emocional que le ayuda enfrentar la incertidumbre y los errores cometidos en el ingreso a la organización (Filstad, 2011). Así también, ante los cambios organizacionales que lleven a la necesidad de que el trabajador vuelva a clarificar su rol, o desarrollar estrategias en la mejora de su desempeño (Feldman, 1981).

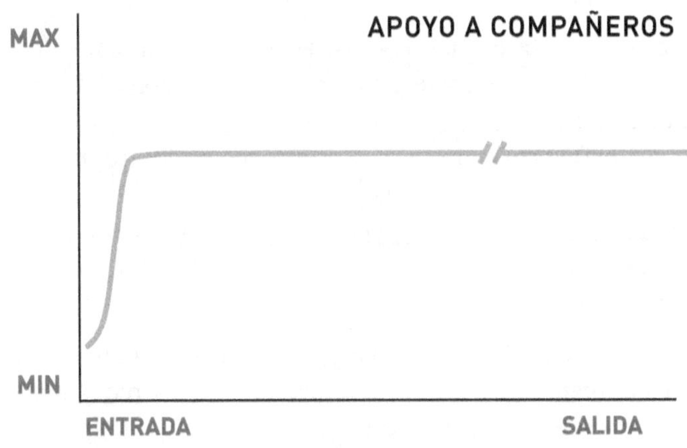

*Fuente: Elaboración propia a partir del modelo elaborado por Bravo
(2001)*

Taormina (1997) ilustra el Apoyo de los Compañeros como un proceso que aumenta con el tiempo. Se observa que al ingresar a la organización el apoyo que recibe un nuevo trabajador es bajo, pero se ampliará rápidamente para mantenerse, incluso después de su salida de la empresa, ya que habrá desarrollado relaciones de amistad duraderas. Esta gráfica no puede ser considerada homogénea para todos los individuos porque las diferencias de cada uno, determinan niveles y tipos de apoyo diversos. La edad, el género, la personalidad y otras variables matizarán la pauta y tamaño de la red social que forme un trabajador. Por ejemplo, un nuevo empleado que sea un joven, o graduado de una ingeniería, constituirá un grupo diferente, en comparación con una mujer profesional de larga trayectoria que haya sido promovida en la organización.

Recibir apoyo de los compañeros para satisfacer necesidades emocionales que permitan enfrentar la incertidumbre, tiene relaciones que han sido estudiadas con distintas variables, y se destacan sus vínculos con la satisfacción laboral (Autry and Daugherty, 2003; Chao et al. 1994), con el aprendizaje de la cultura organizacional (Anakwe and Greenhaus, 1999) y con la creación de compromiso afectivo (Mitus, 2006; Tierney, Bauer y Potter, 2002). O de manera negativa (Taormina, 2008), con intentos de rotación en los tres factores del burnout: despersonalización, agotamiento emocional y sentimientos de no realización personal.

Tomar en cuenta el factor y las necesidades emocionales de los empleados es relativamente novedoso y tiene consecuencias muy importantes para el bienestar de los trabajadores, ya que cuando mucho, los esfuerzos para mejorarlo proceden de programas de salud ocupacional. Sin embargo, ya hay suficiente evidencia de que el apoyo recibido de los compañeros permite desarrollar conductas altruistas, ciudadanas y de extra-rol, importantes para las personas y las organizaciones.

Perspectivas de futuro. La perspectiva de futuro en este modelo es el conocimiento que tiene un trabajador de las recompensas que recibirá de la organización a lo largo de su carrera. Esto se refiere a galardones extrínsecos entregados por la empresa, y que harán que un empleado desee continuar siendo miembro de ella. Este aspecto ha sido estudiado por las teorías motivacionales y se ha investigado el bienestar de las necesidades básicas de un individuo y su relación con la estabilidad laboral, los materiales y equipo con que cuente para el trabajo, el sueldo, bonos y recompensas. Así como otros beneficios que se obtengan mediante la permanencia y el ascenso en la jerarquía laboral. Se sabe que los empleados que se encuentran insatisfechos con su empleo viven esa situación porque los beneficios son precarios y en muchos casos, esto conduce a la negligencia hacia el trabajo y aún a conductas más negativas y autodestructivas.

Dentro de las perspectivas de futuro, se encuentra la justicia organizacional percibida de acuerdo con lo que un individuo espera de la organización hacia el desempeño que ha tenido. De esta forma un empleado que conciba haber realizado los mismos logros que sus compañeros recompensados (ascenso, incentivo, aumento de salario u otros), esperará lo mismo de la organización. Además de la equidad, a los trabajadores les preocupa poder mantener su empleo. Esta es una fuente de estrés ya que el trabajo remite a los individuos a contar con ingresos para satisfacer sus necesidades básicas y las de su familia. Esta preocupación no inicia con el empleo, según Feldman (1981) empieza cuando una persona es candidata a una organización (Fisher, 1986 Wanous, Reichers y Malik, 1984).

Para Taormina (1997) todo proceso de conducta (como el desempeño laboral) que dependa de las recompensas ofrecidas, debe ser continuo para que los estímulos estén siempre a punto de ser alcanzados, y de esta forma se sostiene que este dominio al igual que los otros tres de la OS, también es fijo y permanece a lo largo de la carrera del trabajador. Al utilizar una gráfica para ilustrarlo, se vislumbra que un trabajador ve disminuidas sus perspectivas de futuro (altas) una vez que entra a la organización, esto a causa de la incertidumbre al ingresar y del impacto de la realidad. La manera en que se comportará la tendencia de este dominio variará en al menos tres tipos de curvas.

Figura 15. Función en el tiempo de la percepción de los empleados de sus perspectivas de futuro, Taormina (1997)

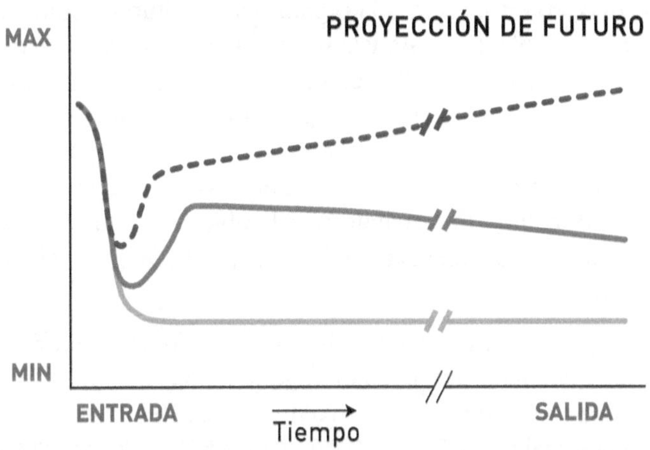

Fuente: Elaboración propia a partir del modelo elaborado por Bravo (2001)

La primera corresponde con aquellas personas que debido a sus competencias y capacidades individuales, logran más rápido sus metas dentro de la organización aunque también se relaciona con el apoyo de los compañeros y programas de mentoría (Filstad, 2011). Esto muestra a sujetos que sufrieron una conmoción de la realidad y poca ansiedad al ingresar, por lo que pudieron adaptarse rápidamente y seguir desarrollándose hasta su salida, que usualmente es a largo plazo. La segunda, muestra una recuperación temporal rápida, para después ir descendiendo paulatinamente al mermar al individuo en sus capacidades. La última es la de los trabajadores con pocas competencias en medios más exigentes y con poco apoyo, en donde las expectativas producidas por la impresión inicial se mantendrán hasta el final de la membresía del empleado en la organización.

La socialización organizacional tiene efectos sobre la conducta de los trabajadores, relacionados con la formación de creencias y vínculos afectivos que son fundamentales en la integración y el aprendizaje de los sujetos en su respectiva organización. Son procesos que llevan de resultado alta satisfacción laboral, resistencia al estrés laboral y compromiso con la organización.

FUNCIONES DE LA SOCIALIZACIÓN ORGANIZACIONAL

La socialización como proceso tiene una relación funcional como antes se dijo, con la cultura o la organización cultural, debido a que la función que cumple la cultura y la socialización de esta, es un consenso alrededor de la cohesión: "La cultura de una organización es lo que hace que esta se mantenga unida, exprese los valores o ideales sociales, así como las creencias que todos comparten" (Delgado y Forero, 2004, p 86 Dicha aplicación no es una cuestión variable y efímera, persigue por supuesto incluir "lineamientos perdurables que dan forma al comportamiento (Gray y Smeltzer 2001, citados por (Delgado Abella y Forero Aponte, 2004).

Cumple con varias funciones importantes: a) Transmitir un sentimiento de identidad a los miembros de la organización, b) facilitar el compromiso con algo más que el yo mismo. C) Reforzar la estabilidad del sistema social y por último d) ofrecer premisas reconocidas y aceptadas para la toma de decisiones.

La cohesión social en un entorno complejo y lleno de incertidumbre como una medida de reducción de esta y de comprender desde una psicología de la colectividad (Peiró, 1990) la conducta social.

Dicha reducción de esa incertidumbre, pareciera ocupar un papel importante en la integración y cohesión social, dada la calidad de la misma en la formación de una identidad individual en función de la organización a la que se pertenece, y no sólo por generar una sensación falsa de estabilidad, sino por lo que significa para el pensamiento social humano: "cuando las personas se enfrentan a referentes contradictorios, lo más probable es la inactividad o incluso la evasión" (Krackhardt, 1992) Esto no es, por supuesto lo que se busca de los individuos. Y de hecho podría constituir una de las principales causas por las que es relevante para la psicología el estudio de la socialización organizacional: el hecho de que la interacción en los grupos de trabajo permite a los individuos crear estrategias de reducción de incertidumbre, y aminorar la ansiedad para poder integrarse, adaptarse y desempeñarse de forma satisfactoria.

Para tal fin, (la comprensión de una psicología de la colectividad) deben mencionarse dos puntos de apoyo, el primero que tiene que ver con la particular forma y comportamientos que las organizaciones toman a partir de su estructura (Andrews, et al., 2002), y la evidente variabilidad que existe dentro de esta, debido a cuestiones informales en cada grupo y las heterogéneas interpretaciones de la formalidad (Sánchez, Lanero, Yurrebaso y Tejero, 2007).

Es decir, que es posible que tanto la cultura como la socialización y sus composiciones, varíen de acuerdo con dos componentes: la formalidad estructural y las relaciones intragrupales.

Entonces, de acuerdo con la revisión anterior, la socialización organizacional cumple las funciones de reducir la incertidumbre y la ansiedad, o el estrés percibido por el ambiente. Les permite a los grupos contar con un proceso que facilita la incorporación de nuevos miembros y su ajuste a las normas de colaboración vigentes.

Entre otros aspectos se ha explorado el entusiasmo en el trabajo y la socialización organizacional (Taormina y Gao, 2008). Este estudio, se realiza como investigación intercultural entre dos localidades chinas, se enfoca en las actitudes del trabajo de población de etnias que viven en dos ubicaciones distintas: Macao y Zhuhai. Se menciona que hay una clara necesidad de entender las actitudes y conductas relacionadas con el trabajo de los empleados chinos, debido a la importancia que existe actualmente en la economía mundial. Para conceptualizar mejor el beneficio de estas relaciones, se precisa que el entusiasmo en el empleo se toma como similar al involucramiento con el trabajo o engagement. Para poder considerar mejor la importancia de estas nociones, lo importante es mencionar cuáles son sus opuestos; como es el caso de la apatía o la negligencia, opuestos al entusiasmo, que en caso de presentarse resultan en accidentes y riesgos de trabajo, que son de gravedad para los empleados y por supuesto, abarcan un costo en la organización (Taormina y Gao, 2008).

De acuerdo con esto, los resultados del estudio con empleados chinos, sugieren que las organizaciones conciben niveles altos de entusiasmo laboral, brindando un buen entrenamiento a sus empleados, lo que desarrolla la comprensión de la organización y cómo opera. Además, ofrecen ambientes de trabajo de sustento, y permiten oportunidades para que los trabajadores obtengan recompensas y avancen dentro de la organización (Taormina y Gao, 2008).

Para Pinazo-Calatayud (2006), la incertidumbre es la incapacidad percibida por una persona en anticipar lo que va a ocurrir en su entorno, y/o cómo esta debería de actuar, y se sugiere que una de las maneras en que los trabajadores enfrentan la incertidumbre, es siendo proactivos. Existen evidencias de que los empleados desarrollarán conductas proactivas cuando se hallen en contextos de baja incertidumbre, tanto situacional como cultural. Siendo la certidumbre cultural la que mayor facilidad brinda a la iniciativa de los trabajadores, mientras que, cuando estos tienen incertidumbre debido a una situación importante, la búsqueda proactiva se centrará en localizar una retroalimentación y la negociación de cambios en el puesto (Pinazo, Gracia y Carrero, 2000).

La literatura sobre incertidumbre y comportamiento proactivo, han convergido en los estudios sobre socialización laboral. Desde este punto de vista la socialización organizacional tiene como uno de sus efectos reducir la incertidumbre para que aparezca la proactividad en la estrategia de largo plazo para los individuos. La socialización permite a los empleados establecerse en un ambiente de menor incertidumbre al enseñarles formas adecuadas de comportarse. En contextos complejos como las organizaciones, y dominados por la incertidumbre cultural, la literatura sugiere que el proceso de socialización laboral es el responsable de clarificar la información cultural y dar sentido al contexto organizacional (Pinazo-Calatayud, 2006; Ashford y Black, 1996; Bauer y Green, 1998; Crant, 2000; Feldman y Brett, 1983; Louis, 1980; Miller y Jablin, 199; y Morrison, 1993, 1995, 2002).

El trabajador que ha conseguido adquirir un sentido claro y, sobre todo, preciso de su entorno, puede utilizar la información adquirida para anticipar respuestas futuras a su comportamiento. Para los trabajadores que se desempeñan en un contexto de alta incertidumbre cultural, y que tienen menos experiencia en la organización, es más difícil concentrar su esfuerzo en identificar necesidades a largo plazo, y dirigir su comportamiento a prever la satisfacción de estas.

El comportamiento proactivo, por supuesto que no es uniforme, es utilizado de manera calculada por los trabajadores según el contexto laboral y el nivel de incertidumbre al que se enfrentan. En relación con otras variables como el compromiso, se puede apreciar que la reducción de incertidumbre incentiva la permanencia de quienes quieren abandonar la organización.

Hasta aquí la información y reflexiones teóricas parecen abarcar demasiado la salud mental y el proceso de interacción, sin embargo, nos queda la pregunta ¿Cuál es el papel del liderazgo en este ecosistema? En el siguiente capítulo abordaré sobre como el liderazgo es capaz de posibilitar el mejor escenario para el desarrollo humano y organizacional, a partir de los efectos que pueda producir en las personas y en su interacción social.

CAPÍTULO IV
LIDERAZGO SALUDABLE, LIDERAZGO RESPONSABLE

En las últimas dos décadas han proliferado una gran cantidad de modelos teóricos (Contreras, 2008; Gil, Alcover, Rico y Sánchez-Manzanares, Aguilar-Bustamante y Correa-Chica, 2017), que pretenden afirmar la utilidad de uno u otro para diferentes resultados positivos que buscan las organizaciones. Al hablar de liderazgo saludable no se pretende establecer un nuevo modelo "positivo", sino el describir los efectos de las características y rasgos de los líderes en la salud mental ocupacional, precisando los límites que deterioran o potencializan el funcionamiento óptimo. Además de afirmar que el liderazgo como proceso organizacional, es el detonador de comportamientos positivos y negativos que son parte de la cultura organizacional.

El liderazgo es uno de los procesos clave para entender la manera en que la cultura organizacional configura el pensamiento e influye en la salud mental de los trabajadores. Antes de hacer intervenciones o estudiar aspectos de una organización, es necesario considerar su estructura. La jerarquía es la principal característica de las organizaciones, independientemente de su giro o tipo de industria. Si bien la socialización implica a los individuos en la organización y genera la cohesión social necesaria en la misma, la jerarquía restringe la cantidad de participación o acceso que un individuo tiene en la cultura de la organización (Andrews, Basler y Coller, 2002). Esto se debe en gran parte, a que los comportamientos dentro de la empresa tienen como referencia a la autoridad o estatus de los demás miembros.

Hall (1996), menciona que los actos de poder en la organización buscan la subordinación, siendo su principal resultado el conflicto. Este tiene que ver con la experiencia de ser subordinado y una capacidad de tomar decisiones relacionada con la cantidad de poder, o autoridad que se tenga. En este sentido la productividad siempre será el objetivo transcendental de la estructura organizacional. Además del liderazgo, la cultura de la organización junto y su influencia en las personas, es considerada uno de los factores primordiales en el bienestar y la salud mental (Schein, 1992; Van Maanen y Schein, 1979; Ouchi y Wilkins, 1985).

Un ejemplo de cultura en el rubro financiero, es cuando el empleado de una empresa ya sea banco, o una agencia de seguros, privilegiará las metas económicas por encima del bienestar personal de forma general, además de que los perfiles profesionales de sus líderes suelen ser de conductas basadas en la elevada autoexigencia, dedicación a jornadas de trabajo más largas de lo común, y baja consideración a los asuntos personales. En este contexto, no solo la cultura que se formula dentro de ella permeará a las formas de trabajo, sino que también facilitará el ascenso a líderes que se apeguen a esas competencias deseadas o las demuestren constantemente.

Una forma de identificar los factores que definen a la cultura organizacional es la comparativa entre dos empresas del mismo sector, por ejemplo: dos cafeterías de franquicias diferentes. Es decir, si confrontamos el establecimiento del Café Juan Valdez, con el de Starbucks, es probable que se encuentre que sus culturas de cortesía representan modelos diferentes de atención al cliente, además de un entrenamiento distinto y por supuesto, un esquema de creencias diferente.

Así pues, los individuos adoptan patrones, creencias y valores que constituyen la cultura de la organización mediante la socialización organizacional, como ya fue comentado en el capítulo anterior, al igual que se refirió como los empleados usan como guías a los líderes y a los miembros con más antigüedad quienes sirven de modelo para que los individuos se ajusten a la organización, a las formas del trabajo, a las jerarquías de la organización y costumbres de los trabajadores. Con ello consiguen desarrollar la claridad en el puesto, disminuir los errores en la adaptación y genera satisfacción laboral, work engagement y salud mental positiva.

EL LIDERAZGO EN LAS ORGANIZACIONES

El liderazgo es un rol y un proceso psicosocial, podemos decir que existe debido a su aportación evolutiva al ser humano y a la organización social. Al igual que en otras sociedades, la humanidad se organiza mediante la formación de jerarquías de dominación que facilitan la vida social, al conceder el poder individual a una sola persona, o a grupos de individuos. Conductas como la anticipación, el castigo y la recompensa verbal, integran el colectivo y son indicadores del éxito que ese grupo puede conseguir. El liderazgo, la influencia y la jerarquía, son elementos básicos de la conducta social y, por tanto, aparecen para explicar los comportamientos en las organizaciones, la satisfacción, el bienestar y la cohesión en las mismas. Si se hace un análisis retrospectivo de la manera en que se ha orientado el concepto de liderazgo, podríamos encontrar que el liderazgo ha sido estudiado para incrementar la competitividad, fomentar la productividad y garantizar la sostenibilidad de las organizaciones.

En la actualidad, las orientaciones de los enfoques de liderazgo tienen un mayor interés hacia características basadas en la responsabilidad y la conducta ética, principalmente debido a la necesidad de favorecer el desarrollo de los líderes y sus seguidores dentro de una dinámica que beneficie los intereses financieros de las organizaciones. En particular, cuando los líderes de las empresas hablan de responsabilidad, se confrontan a un manejo cada vez más complejo de los grupos de interés, y se vuelven más evidentes las diversas expectativas de los interesados con respecto a lo que es, o debería de ser el comportamiento empresarial responsable. Esto se hace presente al momento de tomar decisiones, u orientar los esfuerzos de la organización (Maak y Pless, 2006; Waldman y Siegel, 2008).

Hoy en día, es común que los accionistas tengan expectativas de comportamiento responsable, relacionadas con la asignación efectiva de los recursos de la empresa en la maximización de ganancias; los empleados esperan que sus líderes los traten de forma respetuosa y proporcionen un buen equilibrio de trabajo-vida; y la comunidad considera responsables a aquellas organizaciones que les devuelven algo y no dañan el medio ambiente. De acuerdo con Stahl y Sully de Luque (2014), la conducta de un líder comprometido incluye acciones que benefician a los grupos de interés de una corporación, así como gestiones que evitan consecuencias perjudiciales para ellos; es decir, aspectos relacionados con la retribución a las comunidades, daños al medio ambiente y finalmente, minimizar los efectos de las condiciones laborales, evitando perjuicios a la salud física y mental de los colaboradores.

Dentro de una organización, un líder posibilita la transformación de las capacidades individuales convirtiéndolas en fortalezas, y las pone al servicio de la organización. Con ello se permite su propia sostenibilidad y perdurabilidad (Pérez-Ortega, Jiménez-Valdés, y Romo-Morales, 2017). Sin embargo, como los constructos de las ciencias sociales, la definición de liderazgo es arbitraria y subjetiva. Al respecto, la palabra liderazgo fue tomada del vocabulario común e incorporada al vocabulario técnico de una disciplina científica sin ser redefinida con precisión, esto genera una confusión adicional cuando se utilizan otros términos; dígase poder, autoridad, administración, control y supervisión, para describir fenómenos similares (Yukl, 2009). A través de los años el liderazgo ha determinado la idea de rasgos, comportamientos, influencia, patrones de interacción, relaciones de roles y labor de una posición administrativa (Yukl, 2009).

El estudio del concepto se inició de forma científica a principios del siglo XX, con las investigaciones de Lewin, Lippit y White (1939) en grupos de niños. Estos evidenciaron que la manipulación del "clima organizacional" que generaba un líder, influía de manera significativa en el comportamiento y el rendimiento de los miembros de una colectividad en función del tipo de liderazgo ejercido (Castro y Lupano, 2005). En la actualidad se ha definido la influencia que el comportamiento del líder tiene con relación al desempeño del grupo. Sin embargo, se considera también la probabilidad de que el éxito del liderazgo no depende únicamente del comportamiento (Theime y Treviño, 2012), lo que lleva a incorporar a las definiciones, elementos como la aplicación de recompensas, o castigos para el cumplimiento de objetivos (Nader, 2009), promoción de conductas normativamente aceptadas, relaciones interpersonales auténticas (Blanch, Gil, Antino y Rodríguez-Muñoz, 2016), y el cambio de los intereses individuales a colectivos (Fernández-Montesinos, 2017). Esto genera conciencia y aceptación sobre los propósitos, la misión del grupo (Bass, 1990), las fortalezas y debilidades propias (Ilies, Morgeson, y Nahrgang, 2005).

Se entiende entonces, que el estilo de liderazgo es una variable con efectos directos sobre los procesos en la toma de decisiones y los resultados de las organizaciones (Waldman, Ramírez, House y Puranam, 2001). Como lo define Lussier y Achua (2002), es un esquema en el cual influyen líderes sobre seguidores y viceversa, con la finalidad de lograr los objetivos de la organización a través del cambio, así pues, un líder es capaz de movilizar a sus seguidores, sin disminuir su espíritu de crítica y personalidad. Algunos individuos nacen con esas características bastante desarrolladas, y otros desenvuelven el potencial especialmente a través la competencia en la comunicación (Delgado y Delgado, 2003).

Ya se expusieron los cambios que los estilos de liderazgo han tenido con el paso del tiempo a partir de las investigaciones; en este sentido, las organizaciones han tenido que adaptarse a las transformaciones externas como las condiciones del mercado actual, globalizado, altamente competitivo y en una variación permanente. Se demanda entonces un tipo de organización más flexible, ágil y liviana, en la que sus miembros accedan a mayores niveles de responsabilidad personal y de compromiso con los objetivos de la organización (Delgado-Torres y Delgado-Torres, 2003) . Las organizaciones a su vez, exigen un liderazgo con capacidad para enfrentar la incertidumbre, los continuos cambios, la pretensión de una innovación, la flexibilidad, el comportamiento ético, delegar, y saber compartir el poder (Fernández-Montesinos, 2017).

MODELOS DE LIDERAZGO Y SUS APORTACIONES

Aunque se han propuesto una gran cantidad de modelos teóricos basados en diferentes resultados y perfiles, en las últimas décadas se presentaron dos sobre liderazgo que demuestran tener validez teórica y práctica, además de cumplir con una necesidad social y corporativa, tal es la responsabilidad. Asimismo, han surgido nuevos acerca de liderazgo como el ético y auténtico, que dan énfasis a los valores morales, la autoconciencia, motivación, así como a una genuina preocupación por el bienestar de los trabajadores y sus niveles elevados de rendimiento basados en el work engagement (Gil, Alcover, Rico y Sánchez-Manzanares, 2011). Para contextualizar al lector en la importancia de cada modelo, se describen a continuación las principales características de estos, y sus evidencias empíricas de efectos en colaboradores en investigaciones realizadas.

Figura 13. Modelos de Liderazgo

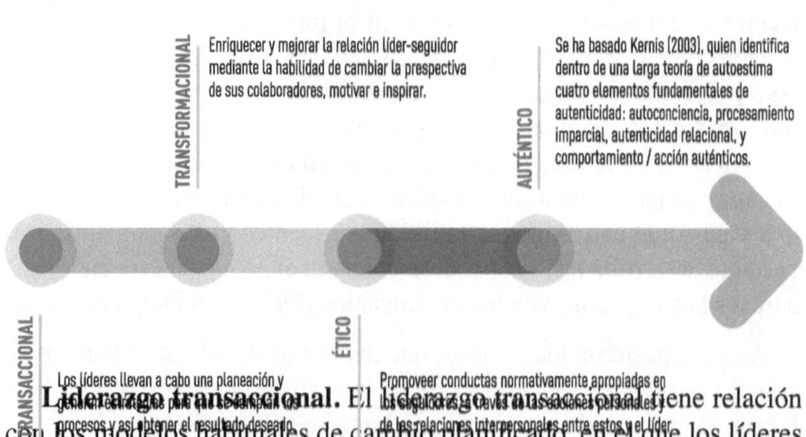

Liderazgo transaccional. El liderazgo transaccional tiene relación con los modelos habituales de cambio planificado, en el que los líderes llevan a cabo una planeación y generan estrategias para que se cumplan cada uno de los procesos y así obtener el resultado deseado (Contreras-Torres y Barbosa-Ramírez, 2013) Desde esta perspectiva, se considera que dar incentivos o, por el contrario, sancionar a los empleados, es útil en la verificación de si el rendimiento de los seguidores es acorde o no, a lo esperado (Bass, 1985). La relación entre líder-seguidor es clave en el logro de metas establecidas dentro de la organización. Una característica del líder transaccional es que este opera en un sistema o cultura existente, (en lugar de tratar de cambiarlos) basado en satisfacer las necesidades de los seguidores enfocándose en cambios y recompensas; dígase, prestar atención a desviaciones, errores e irregularidades y tomar acción para corregirlos (Bass, 1985).

Es decir, el seguidor es motivado mediante premios y castigos, y para que esto funcione, el líder tiene que ser claro cuando se plantea una meta. Un líder transaccional se encarga de brindar a sus seguidores algo que ellos quieren, a cambio de algo que este busca o desea, además los compromete en una relación de dependencia mutua teniendo un efecto en ambos, debido a que se les reconoce y premia. Esto implica que aquellos líderes que ejercen su autoridad mediante las recompensas o castigos (según corresponda), llevan a cabo sus tareas a través de la prevención de errores, y suelen ser más efectivos en culturas en las que se promueve el uso de incentivos en el logro de objetivos, y en las que reglamentos y pautas establecidas, son inamovibles (Nader y Castro solano, 2009).

Este representa una forma activa de liderazgo estratégico, puede ser ideal para la efectividad dentro de una organización. Esto se refiere a que los líderes que ayudan a moldear tácticas y estructuras, dar recompensa a los subordinados con base a su esfuerzo y compromiso, así como tomar acción para corregir errores y desviaciones de las expectativas, deberían de fomentar un mejor desempeño organizacional (Tosi, 1982; citado en Waldman, Ramírez, House, y Puranam, 2001). Este liderazgo tiene dos subdimensiones que lo caracterizan, el primero, recompensa contingente; hace referencia a la interacción entre el líder y seguidor basado en intercambios recíprocos. El líder identifica las necesidades de los seguidores y condecora o sanciona dependiendo del cumplimiento de los objetivos. El segundo, administrador por excepción, en el cual el líder únicamente interviene cuando se hacen correcciones en las conductas de los seguidores. Por lo general, es con la finalidad de dar crítica para que los objetivos no se desvíen de su curso (Avolio y Bass, 2004).

En resumen, este líder hace uso de los intercambios y la negociación con los subordinados a cambio del logro de objetivos y metas en la organización (recompensa contingente). Además, da un seguimiento de las actividades que estos realizan con la finalidad de prevenir errores o desviaciones en los procedimientos y las normas establecidas (administrador por excepción). Cuando un error se presenta, se aplican acciones correctivas: forma activa (prevenir que el error ocurra) y una forma pasiva (actuar cuando el error ya ocurrió). Cuando el liderazgo transaccional es aplicado adecuadamente, consigue efectos positivos en la satisfacción y rendimiento de los empleados, sobre todo en ambientes estables. Sin embargo, no basta para explicar por qué ciertos líderes producen efectos extraordinarios en las actitudes, creencias y valores de sus seguidores (Molero, Recio, y Cuadrado, 2010).

Liderazgo transformacional. El liderazgo transformacional surge con la intención de enriquecer y mejorar la relación líder-seguidor (Bass y Avolio, 1990) y su importancia radica en la contribución que estos líderes pueden hacer para lograr el éxito de las organizaciones (Fernández y Quintero, 2017). Se define por permitir que los seguidores afronten con dominio situaciones de conflicto o estrés, brindando seguridad y tolerancia ante la incertidumbre (especialmente en situaciones de cambio). El concepto de liderazgo transformacional fue introducido por Burns (1978), a partir del análisis cualitativo de las biografías de líderes políticos, identificando que este tiene la habilidad de cambiar la perspectiva de sus colaboradores, motivar e inspirar. Bass (1985), tomando como base el trabajo de Burns, hizo una elaboración más completa del constructo y propuso cuatro dimensiones fundamentales: carisma o influencia idealizada, motivación inspiradora, estimulación intelectual y consideración individualizada.

> · *El carisma del líder o influencia idealizada es la que permite que los líderes se pronuncien como modelos a seguir al expresar una amplia visión y un sentido de misión, lo que deriva en la ganancia de respeto, confianza e identificación por parte de los seguidores (Bass, 1985). Este es el elemento fundamental de este modelo porque se trata de la habilidad del líder para crear un poder simbólico, ocasionando en los seguidores la percepción de que poseen destrezas y talentos excepcionales (Vázquez, 2013).*

Si un líder logra asumir una influencia idealizada, se podrá obtener el esfuerzo extra de los seguidores que se requiere para lograr niveles óptimos de desarrollo y rendimiento (Bass y Avolio, 1990).

· La motivación inspiradora, es la que describe la pasión del líder por comunicar el futuro de una organización ideal, misma que puede ser compartida con sus seguidores (Bass y Avolio, 1990). Esta pasión inspira a dichos seguidores a realizar más de lo esperado, al desarrollar una visión compartida y espíritu de grupo (Bass, 1985). A través de este proceso, el líder aclara el presente y muestra cómo el pasado lo ha influenciado, para finalmente utilizar ambos en la transformación del futuro (Vázquez, 2013).

· La estimulación intelectual surge de la motivación que el líder ejerce sobre sus seguidores para que sean capaces de analizar los problemas/métodos viejos, de formas actualizadas, con perspectivas novedosas y propias (Bass y Avolio, 1990). Esto promueve que los seguidores se vuelvan innovadores en el análisis de problemas y de los métodos que utilizan para solucionarlos (Bass, 1985).

· La consideración individualizada se refiere al trato cuidadoso y formal que los líderes tienen con sus seguidores (Bass, 1985). Los consideran personas y no herramientas al fungir como mentores de estos, ayudándolos a aumentar su confianza para ocupar mayores niveles de responsabilidad, no solo en lo laboral, sino de desarrollo personal. Esto a partir de identificar sus necesidades y capacidades, al tiempo que se les delega y brinda asesoramiento de forma individual (Bass y Avolio, 1990).

A partir de los cuatro elementos antes descritos, se puede decir que el liderazgo transformacional se lleva a cabo cuando el líder amplía y eleva los intereses de sus empleados, cuando genera conciencia y aceptación sobre los propósitos y la misión del grupo, y cuando hacen que el empleado mire más allá de su propio interés (Bass, 1990). Debido a esto, los líderes transformacionales consiguen responder de manera rápida a las exigencias del entorno, ya que cuentan con el apoyo de sus seguidores, en quienes han influido y logrado cambiar los intereses individuales por uno colectivo, todo para alcanzar las metas de la organización (Fernández, 2017).

Los estudios realizados demuestran que los comportamientos vinculados al liderazgo transformacional, tienen un efecto positivo sobre las variables individuales y grupales como el compromiso de los empleados, la motivación, la ejecución eficiente de tareas, y en las variables vinculadas a la efectividad y el rendimiento organizacional de una compañía (Bono y Judge, 2004; Cruz-Ortíz, Salanova y Martínez, 2013). Como ya se ha visto, este modelo de liderazgo presenta un gran número de ventajas, ya que el dirigente se convierte en un modelo a seguir es desarrollada una asistencia cooperativa en la que se potencializan las habilidades socio-personales, aumentando la autoestima de ambos: líder y seguidor. Por consiguiente, conlleva a mejores resultados y beneficios para la organización (Bass y Avolio, 1990; Cruz-Ortíz, Salanova y Martínez, 2013; Bono y Judge, 2004), sin embargo, como todos los modelos tiene ciertas limitaciones. La principal es que los resultados esperados suelen producirse a largo plazo porque la relación de confianza que se crea entre el líder y el seguidor lleva determinado tiempo.

NUEVAS FORMAS DE LIDERAZGO

Si bien, el modelo transaccional tiene una funcionalidad relacionada con la motivación y las metas de corto plazo enfocadas al trabajo y la productividad; mientras que el transformacional es para desarrollar a la organización y a los individuos bajo los principios de la planeación estratégica, en la actualidad ninguno de estos podría funcionar hegemónicamente debido a que las condiciones de trabajo han tenido transformaciones constantes, más la influencia de la globalización. Además de cambios tecnológicos, una mayor exigencia de transparencia, protección al medio ambiente y, sobre todo, a la salud de las personas en el empleo (Burke y Cooper, 2006). Por otra parte, formas novedosas de trabajo a distancia y basadas en la delegación de funciones (equipos virtuales o equipos distribuidos), han modificado las relaciones tradicionales del líder con sus colaboradores (Gil, Alcover, Rico, y Sánchez-Manzanares, 2011), y para poder funcionar en este contexto, se da mayor importancia a los valores morales, autoconciencia y al bienestar de estos.

Entre estas modalidades, el liderazgo ético busca promover conductas normativamente apropiadas en los seguidores, a través de las acciones personales y de las relaciones interpersonales entre estos y el líder. Mismas que se basan en un sistema de recompensas y una comunicación transparente (Blanch, Gil, Antino y Rodríguez-Muñoz, 2016).

La promoción de esa conducta a los seguidores es mediante comunicación "two-way", reforzamiento y toma de decisiones (Brown, Treviño y Harrison, 2005). Para ser este tipo de líder, se requiere de los más elevados estándares éticos, y ser creador de una atmósfera orientada a ese comportamiento en la compañía (Mendoza de Graterol, Mendoza de Lorbes, y María Antonia, 2008). Algunos autores describen que las características que tiene un líder ético son: objetivos alcanzables y capaz de comunicarlos, lo que genera un compromiso con la misión y visión de la empresa. Además, asume y defiende los valores internalizados, es coherente con lo que dice y hace, y gracias a ello provoca credibilidad y confianza en sus seguidores (Ferrer Soto, Colmenares Acevedo, y Clemenza, 2010).

LIDERAZGO AUTÉNTICO

Dentro de los modelos que buscan la promoción de los valores morales, se encuentra el liderazgo auténtico (Avolio y Gardner, 2005). Este se ha basado fundamentalmente en los trabajos de Kernis (2003), quien identifica dentro de una larga teoría de autoestima cuatro elementos fundamentales de autenticidad: autoconciencia, procesamiento imparcial, autenticidad relacional, y comportamiento/acción auténticos. Estos componentes fueron retomados posteriormente por Walumbwa, Avolio, Wersing y Peterson (2008), agregando uno ético para dar forma al de liderazgo auténtico que se considera en esta investigación (Ilies, Morgeson, y Nahrgang, 2005). El concepto de autenticidad tiene sus raíces en la filosofía griega, y ha sido estudiado en tiempos recientes desde la psicología por algunos autores como Erickson (1995).

Este menciona que existe cierto solapamiento entre el término de autenticidad y sinceridad, lo que ha llevado en algunas a ocasiones a utilizarlo de manera indistinta en el vocabulario común, sin embargo, hay una notable diferencia entre los dos: la sinceridad es mostrarse a los demás con precisión y honestidad, mientras que la autenticidad es ser genuino consigo mismo (Avolio y Gardner, 2005). Ilies, Morgeson, y Nahrgang (2005), definen la autenticidad como las tendencias generales de observarse sin la influencia del entorno social y conducir su vida de acuerdo con valores profundamente arraigados. La importancia de lograr la autenticidad radica en que cuando los individuos se conocen y se aceptan, incluyendo sus fortalezas y debilidades, muestran altos niveles de estabilidad y comportamientos legítimos que reflejan la coherencia entre sus valores, creencias y acciones (Kernis, 2003). Ahora, en un esfuerzo por integrar las distintas perspectivas existentes, Walumbwa et al., definen el liderazgo auténtico como:

Un patrón de comportamiento que aprovecha tanto las capacidades psicológicas positivas como un clima ético positivo y se caracteriza por poseer conciencia de uno mismo, moral internalizada, procesamiento equilibrado de la información y transparencia en las relaciones por parte de los líderes que trabajan con seguidores, fomentando auto desarrollo positivo (Walumbwa et al., 2008, pág. 94).

En esta definición se incorpora la moral dentro de las características de un líder auténtico y se concibe como moral internalizada al fusionar la perspectiva moral y la regulación internalizada; componentes que se habían considerado en un inicio, pero que se reflexionaron conceptualmente equivalentes. Los cuatro elementos que sí se consideran básicos y característicos de este estilo de liderazgo, son: 1) la conciencia de uno mismo, 2) moral internalizada, 3) procesamiento equilibrado de la información, y 4) transparencia en las relaciones. Para medirlos, Walumbwa et. al., (2008), desarrollaron y probaron un cuestionario asentado en la teoría de liderazgo auténtico llamada Authentic Leadership Questionnaire (ALQ). En este se utilizaron cinco muestras obtenidas de China, Kenia y Estados Unidos, y se mostró que los cuatro componentes del liderazgo auténtico representaban escalas únicas que eran confiables. A continuación, se describen a profundidad cada uno de los elementos y con esto, identificarlos en las conductas de los líderes, mismos que están orientados al bienestar de la organización.

La conciencia de uno mismo. Esta es una habilidad que la persona utiliza para reconocer las emociones y las consecuencias que tienen sus acciones. Es descrito por Kernis (2003) dentro de la autenticidad, como el tener conciencia y confianza en las metas, sentimientos, deseos, y auto-cogniciones relevantes en sí mismo, y sus colaboradores. Implica que un líder pueda ser consciente de las fortalezas y de las debilidades, tanto como entender sus propias emociones y personalidad, su influencia en los pensamientos, sentimientos, acciones y comportamientos (Ilies, Morgeson, y Nahrgang, 2005). Es decir, ser consciente para el liderazgo auténtico es la medida de la capacidad de autorregulación que un individuo puede tener. El incremento de la conciencia de sí mismo es un factor que se desarrolla en un líder auténtico. Puede alcanzar un grado de claridad con respecto a sus valores, identidad, emociones y motivaciones/metas (componentes que caracterizan este constructo).

Este tipo de líder tiene un sentido alto de su "yo", el cual le permite guiarlo en las decisiones y en el comportamiento (Luthans, Norman, y

Hughes, 2006). Cuenta con cuatro componentes que lo caracterizan; en primera, más valores que ayudan a resistir las presiones sociales y situacionales que comprometen sus valores internos, evitando actos contrarios a las normas morales e institucionales (Luthans, Norman, y Hughes, 2006). Segundo, identidad (tal es la identidad personal y social) (Gardner, Avolio, Luthans & May 2005); contar con la claridad para definir que características conforman al individuo, y las diferencias entre los demás, lo orientará a obtener decisiones propias y clarificar cuál es su rol (Banaji y Prentice, 1994). Tercero, las emociones; cuando la persona posee mayor nivel de inteligencia emocional son más conscientes, estas influyen en sus procesos cognitivos y en la capacidad de tomar decisiones (George, 2000). Finalmente, las motivaciones/metas; los líderes auténticos constantemente verifican la dirección de las metas que se proponen, además, hay congruencia entre lo que se plantean y sus mismas acciones.

La moral internalizada. Como parte del modelo de liderazgo auténtico, esta se refiere a una forma interiorizada e integrada de auto-regulación, que es guiada por normativas internas y valores que se tienen frente a un grupo, organización o presiones sociales. Se traduce en la toma de decisiones a partir de los valores internalizados (Gardner, Avolio, Luthans, May y Walumbwa, 2005). En esta definición se pueden evidenciar dos elementos que son de vital importancia para entender este constructo: el desarrollo moral y el control internalizado o autorregulación.

Las personas, a menudo experimentan conflictos en los que el comportamiento que consideran inapropiado puede servir como medio para obtener algún beneficio valioso (Bandura, 1990). Aquí sobresale la resistencia de los líderes auténticos para abordar las situaciones morales difíciles, que, independientemente de su humor, se vislumbran ecuánimes sin importar la presión social que exista para hacer lo contrario. Así pues, en cuanto a los actos morales en medio de la adversidad extrema, los líderes auténticos exhiben una correcta capacidad moral en la solución de dilemas desde diferentes ángulos, además de la disposición para tomar en cuenta las necesidades de sus seguidores (May, et al, 2003).

Un problema no lo es como tal, a menos de que sea detectado, así pues, la conciencia moral es el primer paso en el proceso ético de toma de decisiones. El reconocimiento del problema tiene dos elementos (Jones, 1991): 1) La persona reconoce que su decisión tendrá consecuencias para otros, y 2) la persona tiene la voluntad para tratar el problema. A su vez, esta dificultad es influenciada por una construcción multidimensional de la intensidad moral que caracteriza al problema, y que influye para que un líder pueda identificar una situación como problema moral, o no (Jones, 1991; y May, et al, 2003).

La conducta moral está motivada y regulada principalmente por el ejercicio continuo de la influencia auto-reactiva (Bandura, 1990). La autorregulación, para el líder auténtico es el proceso de alineación de sus valores con sus intenciones y acciones (Avolio y Gardner, 2005). Esta definición se basa principalmente en dos perspectivas teóricas: la teoría de la autodeterminación propuesta por Ryan y Deci (2000), y la propuesta por Kernis (2003) sobre la autenticidad. Una vez que se ha desarrollado el control internalizado, las personas regulan sus acciones mediante las sanciones que se aplican a sí mismas.

Es decir, hacen cosas que les proporcionan autosatisfacción con un sentido de autoestima, y evitan violar sus estándares morales, ya que tal comportamiento traerá la autocondena (Bandura, 1990). En conclusión, este componente moral dentro del liderazgo auténtico, describe un proceso de toma de decisiones éticas y transparentes. Se basa en la capacidad moral, la eficacia, el valor y la resistencia para abordar las cuestiones éticas, consiguiendo la autenticidad sostenida en acciones morales (May, et al, 2003).

El procesamiento equilibrado de la información. El tercer factor se refiere a las capacidades que el líder posee, las cuales hacen que sea objetivo y analítico sobre la información que este adquiere, y con base en ello, tome una decisión; además, ser capaz de escuchar puntos de vista distintos a los suyos (Avolio y Gardner, 2005; y Gardner, 2005). El procesamiento equilibrado descrito por Ilies, Frederick y Nahrgang (2005), es la plataforma de la integridad personal. Cuando un líder no es auténtico suele buscar oponentes inferiores y evita situaciones que puedan suprimir sus competencias. En comparación a ello, un guía legítimo busca circunstancias que desafíen sus capacidades y de esa manera genera contextos con alto potencial de desarrollo (Ilies, Frederick y Nahrgang, 2005). Esto quiere decir que el procesamiento equilibrado influye significativamente en las decisiones y acciones que se toman.

La transparencia en las relaciones. Los humanos somos seres sociales y normalmente requerimos estar en interacción con los demás, por lo tanto, el estudio de los factores que contribuyen en la formación, mantenimiento y terminación de las relaciones sociales, ha sido un área de interés perdurable (Robins y Boldero, 2003). En lo que se refiere al liderazgo, es importante conocer qué elementos intervienen para que se cree una relación de confianza entre el líder y el seguidor, beneficiosa no sólo para ellos, sino que también favorezca a la organización. Dentro del modelo de liderazgo auténtico, la transparencia en las relaciones se refiere a mostrarse genuino ante los demás, este comportamiento promueve la confianza al tener la apertura para compartir información y expresiones personales de pensamiento y sentimientos (Kernis, 2003).

En esta definición se pueden apreciar dos elementos característicos (con ello se pretende mostrar de dónde surge la importancia de la transparencia en las relaciones del modelo del liderazgo auténtico), la autenticidad y la confianza. Se espera que los líderes auténticos a través de su comportamiento y el compromiso con el éxito de sus seguidores, logren involucrarlos y compartir información crítica, además de percepciones y sentimientos sobre las personas con las que trabajan. Como resultado, los seguidores pueden conectarse con los valores, creencias, metas y actividades del líder a lo largo del tiempo, además se crea una relación social realista que nace de los elevados niveles de identificación personal y social de los seguidores (Avolio, Gardner, Walumbwa, Luthans y May, 2004).

Sin embargo, este intercambio de valores no implica necesariamente la transformación del seguidor; esta es una característica comúnmente asociada con los líderes magnánimos y transformadores (Bass, 1990). A medida que comunican de manera transparente sus atributos, valores, aspiraciones y debilidades a los seguidores, alientan a hacer lo mismo y se establecen las bases para la confianza y la intimidad (Avolio, et al, 2004). La seguridad en el liderazgo se ha identificado como un elemento crucial en la efectividad de los líderes (Bass, 1990). Es confirmado que está asociada con resultados importantes para las organizaciones, como la creencia en la información, el compromiso, el comportamiento cívico organizacional, la satisfacción en los líderes y la intención de permanecer (Dirks y Ferrin, 2002); específicamente, se resalta la importancia de la confianza para el desarrollo del liderazgo auténtico (Avolio, et al, 2004).

Abundando en la teoría sobre la confianza, se dice que esta es el constructo de la premisa central de la teoría de intercambio social de Blau (1964). En ella se expone que cuando una persona recibe un servicio de otra, esa que lo prestó espera que el individuo servido exprese su gratitud y regrese esa prestación cuando tenga oportunidad. Siguiendo esta idea, es que los líderes auténticos están más interesados en capacitar a sus seguidores y marcar la diferencia, al procurar relaciones de alta calidad, que se basan en estos principios de intercambio social (Ilies et al., 2005). De esta manera se desea que los seguidores estén más dispuestos a colocar un esfuerzo extra en su labor, como una forma de corresponder a las relaciones de alto valor generadas por su líder (Blau, 1964).

La importancia de la transparencia relacional radica en que los seguidores llegan a saber lo que el líder valora y representa, y que el líder también comprende quiénes son sus seguidores. Además, si tales ideas revelan altos niveles de congruencia entre los atributos, valores y aspiraciones de ambas partes, el nivel de confianza se profundizará y una relación muy estrecha podrá evolucionar. Nótese, sin embargo, que una relación tan íntima, confiable y cooperativa no es posible sin la autenticidad, la autoconciencia, la autoaceptación y la transmisión transparente de los seres reales, propios e ideales que lo acompañan (Avolio, et al, 2004).

RELACIONES DEL LIDERAZGO AUTÉNTICO

Se han realizado diversos estudios acerca del liderazgo auténtico, los cuales muestran que está ampliamente relacionado e influenciado de forma positiva con las actitudes, el comportamiento, el compromiso y el desempeño, tanto del líder como de sus seguidores (Walumbwa, Avolio, Gardner, Wersing, y Peterson, 2008; Edú, Valsania, Moriano León, Molero Alonso, y Topa Cantisano, 2012; Wong, y Laschinger, 2012; y Wang y Hsien, 2013). Mientras el líder sea percibido auténtico, es decir, que hace hincapié en la transparencia, el procesamiento equilibrado, la autoconciencia y los altos estándares éticos, es mayor la cantidad de seguidores satisfechos con su trabajo y además presentan un alto desempeño laboral (Wong, y Laschinger, 2012).

Investigaciones han demostrado que dos componentes del liderazgo auténtico: perspectiva moral y transparencia relacional, están conectados con el Comportamiento Organizacional Positivo. Este liderazgo puede afectar en lo efectivo al comportamiento de los empleados, y es por ello por lo que se considera necesario contar con líderes auténticos dentro de las organizaciones (Edú Valsania, Moriano León, Molero Alonso, y Topa Cantisano, 2012). Es decir, que este liderazgo está relacionado positivamente con el desempeño de sus seguidores, mediado a través de la influencia de los líderes en el Capital Psicológico de los mismos (Peterson, Walumbwa, Avolio, y Hannah, 2012).

En comparación al liderazgo ético y al transformacional, el liderazgo auténtico en el área laboral tiene mayor relación con las actitudes y comportamientos del trabajador (Walumba, Avolio, Gardner, Wersing, y Peterson, 2008). Otro de sus componentes afines son la satisfacción laboral ,y el desempeño del trabajo, los cuales influyen en los trabajadores, por lo que, cuando se desarrolla este liderazgo y el trabajador lo percibe, pondrá mayor dedicación y a su vez, confianza en el líder (Wong, y Laschinger, 2012). Tanto el liderazgo auténtico y el Capital Psicológico, convergen al influir en la salud mental y en la satisfacción profesional, lo que termina por disminuir el Burnout (Amunkete, y Rothmann, 2015).

En nuestra investigación, el liderazgo auténtico se relaciona en lo positivo con la Salud Mental Positiva Ocupacional y en lo específico, con los componentes espiritual, conductual y socioafectivo. Esto significa que el potencial y la capacidad de los colaboradores, recibe influencias efectivas de la socialización y del liderazgo, ya que integran, estructuran el trabajo y en general facilitan el desarrollo de las personas. Esto no sólo a través de ascensos y promociones económicas, sino de los efectos duraderos en la creación de ambientes confiables, en los que se logra identificar el ámbito propicio para crecer, así como la formación de las relaciones de apoyo.

Figura 17. Modelo de Salud Mental Positiva, Recursos de Socialización y Liderazgo.

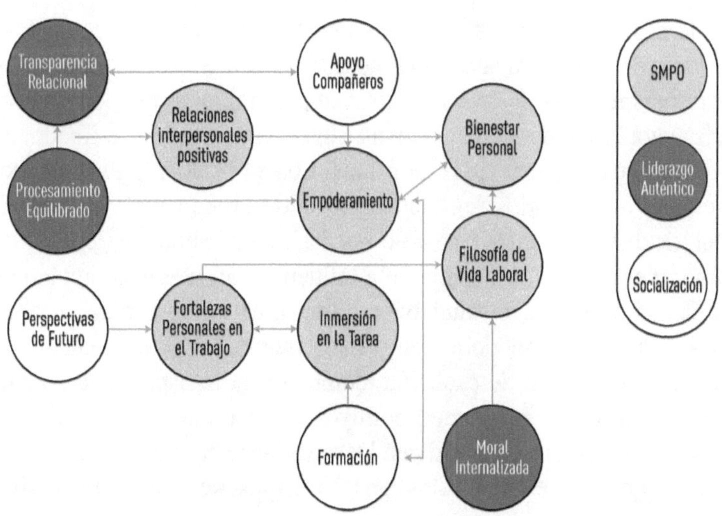

EL LIDERAZGO SALUDABLE

Ya conocemos que el liderazgo es un proceso psicosocial, inherente a la jerarquía y a las relaciones en las organizaciones, tiene influencia en la forma en que los sujetos interactúan transmitiéndose la cultura, y también en la manera en que los individuos se sienten respecto a sí mismos frente al futuro. El liderazgo saludable es una combinación de roles enmarcados en la responsabilidad. Asimismo, es una composición de las características del liderazgo auténtico de transparencia y el procesamiento equilibrado, junto al rol de expertos y facilitadores.

Esta combinación de roles satisface a la vez las necesidades de los grupos de interés, cada vez más complejas y cambiantes. Además de las más importantes: las necesidades de desarrollo del propio potencial y del bienestar de los seguidores. Desde este punto de vista, el liderazgo saludable se caracteriza porque estos dirigentes actúan desde una orientación hacia la eficiencia, y muestran un liderazgo orientado al cumplimiento de los objetivos de desempeño de la organización. Estructuran tareas, definen responsabilidades, controlan procesos de trabajo y planifican metas futuras. Con ello disminuyen el estrés y la incertidumbre de la falta de conocimiento de los roles de sus colaboradores, y aportan un elemento clave de la socialización; la comprensión funcional y las perspectivas de futuro. En este modelo de liderazgo, los guías como facilitadores muestran un comportamiento orientado a motivar a los empleados, los integran, cuidan sus necesidades, y por supuesto, retoman aspectos importantes del liderazgo transformacional como son la motivación e inspiración.

Además de que está enfocado en un rol socializador que dota a los trabajadores de la integración social necesaria para conseguir relaciones de apoyo, perspectivas de crecimiento y en general, una identidad laboral y precisa para la salud mental positiva en el trabajo, el rol de facilitador es un aspecto clave del liderazgo responsable. Los empleados siguen siendo los principales destinatarios del liderazgo, y ello se refleja en la preocupación por el bienestar de estos y no solo por las metas laborales (Ciulla, 1998; Maak y Pless, 2006). En cuanto a la influencia del liderazgo auténtico, se plantea que el liderazgo saludable retoma su rol como generador de relaciones positivas y empoderamiento en el trabajo. En el líder auténtico, las conductas que sirven de esquema, como son la transparencia relacional y el procesamiento equilibrado, influyen al ser un antecedente de las relaciones interpersonales positivas. Desarrollan adhesión emocional entre los trabajadores y generan lealtad en los mismos; de forma muy similar en el modelo de compromiso organizacional de Meyer y Allen (1984, 1998).

Cuando los trabajadores perciben que un líder toma en cuenta las opiniones de todos los miembros de los equipos, analiza como experto una situación compleja y se muestra transparente en sus relaciones, es cuando facilita que se despliegue la confianza y el apoyo. Esto se basa en el modelamiento y en el impacto de protección frente al estrés que genera la conducta del líder. Es decir, que se confía en un guía experto que al mismo tiempo es cristalino en sus gestiones e intenciones. El procesamiento equilibrado influye al mejorar la socialización continua a través del incremento al apoyo de los compañeros, lo que induce a que los trabajadores nuevos o en procesos de adaptación consigan el sustento emocional e instrumental de sus pares, eso gracias a que sus supervisores toman en cuenta sus argumentos y les brindan reconocimiento (Filstad 2004; 2011).

En el liderazgo saludable, el empoderamiento en el trabajo y las relaciones positivas son los antecedentes del bienestar en el empleo. Como ya se ha mencionado, el bienestar laboral se caracteriza por valoraciones, autoestima positiva, generan disfrute, sensaciones de logro y autorrealización en el empleo. Esto es gracias al apoyo de los colaboradores y el procesamiento equilibrado de los líderes. De esta manera se facilita que el bienestar provenga de relaciones sanas y duraderas dentro del trabajo, ajenas a la alienación, a la sensación de dominio y creencias de autoconfianza, lo que mejora la regulación de los trabajadores, y optimiza su respuesta al estrés. Finalmente, la moral internalizada de los líderes hace que las fortalezas personales y el bienestar en el trabajo, induzcan al desarrollo del bienestar socioafectivo y espiritual en los miembros de la organización.

Para el modelo PERMA (Slavin, Schindler, Chibnall, Fendell y Shoss, 2012), una vida llena de sentido podría estar más cercana a una vida plena y saludable, sin embargo, se basa en aspectos difíciles de conseguir (eliminar estresores innecesarios, o más bien relacionados con técnicas que el desarrollo organizacional aplica hace décadas (grupos de reflexión e innovación). El bienestar espiritual y cognitivo de la salud mental positiva en el trabajo, es desarrollada como consecuencia del bienestar personal en el empleo. Asimismo, del propio desarrollo de fortalezas y como efecto de la moral internalizada de líderes congruentes que, al guiarse por normas morales y personales en lugar de intereses económicos o de poder, permiten que los trabajadores desarrollen una identidad propia, sin intentar alienarlos con sus propios objetivos o incluso, previniéndolos de ello.

FACTORES QUE PUEDEN CONSTITUIR
EL LIDERAZGO SALUDABLE

Bien este libro apunta a mencionar cuales son los procesos y efectos de la ecología organizacional, más a que a tratar de definir como debería ser un líder para considerarse saludable. Es decir, tiene como objetivo mostrar los límites de la salud mental y la socialización como elementos que deben aprovecharse por quienes tienen liderazgo. Sin embargo es necesario para mí apuntar algunos aspectos que en otras publicaciones desarrollaré más ampliamente, pero que sirven para definir con más claridad lo que podría caracterizar a personas que desarrollen entornos con un liderazgo.

En primer lugar, la autorregulación es para muchos investigadores y en particular para mí la base de conductas que prevengan situaciones que pueden llevar a los demás a dejar de funcionar apropiadamente. La autorregulación es un proceso social adaptativo mediante el cual el líder intenta reducir las discrepancias entre su comportamiento y las expectativas de la organización mediante la comprensión y adaptación al rol que le es asignado a través de los estándares (Sosik, Potosky & Jung, 2002, p. 211-232).

Muchos investigadores dentro del estudio del liderazgo transformacional Atwater y Yammarino (1992); Bass (1998); Gardner y Avolio (1998) han reconocido la importancia de los mecanismos de autorregulación del líder para el despliegue de comportamientos propios de este tipo de liderazgo (Howell & Costley, 2001). Los individuos trabajan para ganar congruencia e incrementar su eficacia y efectividad y de esta forma acoplarse estructuralmente para alcanzar el equilibrio en sus ámbitos de desempeño-

El segundo aspecto que me parece muy importante mencionar es la autoconciencia y no solo por haber cobrado popularidad por los actuales "modelos" de liderazgo, sino porque esta es una habilidad que el individuo utiliza para reconocer las emociones y las consecuencias que tienen sus acciones. Kernis (2003) lo describió como parte de la autenticidad, como el tener conciencia y confianza en las metas, sentimientos, deseos, y pensamientos propios considerados relevantes.

Ser consciente implica tener conocimiento pleno de las fortalezas y de las debilidades que se tienen. Así como la comprensión las emociones y la personalidad de uno mismo y su influencia en los pensamientos, sentimientos, acciones y comportamientos (Ilies, Morgeson, y Na-hrgang, 2005). Es un proceso en el cual el individuo refleja sus valores únicos. El director general de una empresa industrial me lo explicaba de una manera muy clara cuando decía que el sabía que su posición era como el penacho de Moctezuma, y que una cualidad que según hay que tener como líder es que no hay que creerse el penacho y saber los límites que se tienen.

Un líder puede incrementar la conciencia de sí mismo y alcanzar un grado de claridad con respecto a sus valores, identidad, emociones y motivaciones/metas. Este tipo de líder tiene un sentido alto de su "yo" el cual le permite guiarlo en las decisiones y el comportamiento (Luthans, Norman, & Hughes, 2006). A continuación, se describirán los componentes que lo caracterizan.

Estos dos componentes son parte de las características que podrían estar dentro de la personalidad o el desarrollo de los individuos, sin embargo, existen algunas características que pueden ser desarrolladas como se ha conocido y difundido recientemente, una de ellas es el pensamiento crítico. Si bien la enorme influencia que las ciencias han tenido en la educación superior ha permeado un pensamiento científico en muchos sectores, aún es real que contar con la capacidad de cuestionar la realidad que se experimenta, cuestionar los propios pensamientos y emociones, son habilidades básicas para contar con una dimensión mas clara de la realidad en un mundo tan cambiante y volátil. Para líderes que enfrentan procesos de socialización y formación continua debido a lo cambiante y la elevada movilidad de las personas, desarrollar pensamiento crítico en sí mismos y los colaboradores a través de la mentoría para estructurar tareas y procesos a otros genera metacognición en sí mismos y en los colaboradores mientras aumenta su influencia.

Y justamente debido a que actualmente los ambientes son cada vez más inciertos y fragmentarios, una característica que debe integrar todo líder que aspire a desarrollar ambientes con bienestar es la capacidad de integrar más que de influir como había venido promoviéndose comúnmente en los estilos de liderazgo.

Tradicionalmente, el liderazgo ha sido valorado por su capacidad de influir en la motivación y aumentar la productividad de las personas. Hoy, a medida que más organizaciones brinden recursos para esto, el liderazgo será valorado por su capacidad para mantener redes organizativas unificadas y producir entornos de bienestar a través de la influencia de parejas y tríadas de líderes que actuarán colectivamente. Aunque predecir el futuro es imposible, el bienestar de los ecosistemas humanos y la productividad tendrán como contexto un gran volumen de información e incertidumbre, cambios tecnológicos más rápidos, interacción inminente con inteligencias artificiales, líderes multigeneracionales y un entorno con menos recursos disponibles.

Será valioso investigar modelos de liderazgo colectivo que se centren en la influencia canónica, que al mismo tiempo regulan a los agentes y las personas de inteligencia artificial. En un entorno psicosocial de baja interacción social cara a cara, limitado en el apoyo social, pero con mucha más libertad y flexibilidad laboral, la investigación de liderazgo colectivo podría centrarse en los desafíos de socializar constante y rápidamente sus grupos de interés y en los grupos de líderes como vehículo, modelo y facilitadores del proceso de socialización organizacional y de la salud mental de los miembros de la organización.

Figura 18. 6 Acciones prácticas para un Liderazgo Saludable.

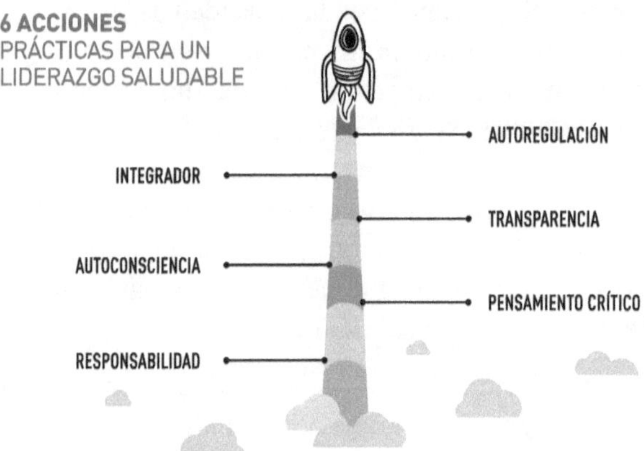

Los avances actuales en neurociencia, psicología positiva y liderazgo negativo marcarán el camino para construir la forma de funcionamiento de las redes de liderazgo, mantener la autorregulación y una alta autoconciencia, para desarrollar la cohesión en grupos multiculturales que deben investigarse para modelar soluciones de comportamiento en los líderes que llevan a grupos de mayor edad a los suyos. La investigación del desarrollo longitudinal de estos líderes y las formas de integrarlos deben abordarse en el panorama de la investigación de liderazgo.

El modelo de liderazgo saludable establece una orientación a un mundo más complejo, en donde se puede cumplir con sus característi-cas enfocadas a la productividad y al alcance de los logros organizacio-nales. Además, potencializa el proceso de socialización al servir como base del desarrollo en el funcionamiento óptimo de las personas. En ese sentido y como un resumen, este liderazgo que se distingue por sus efectos en las personas podría finalmente tener algunas características que todos podemos desarrollar como capacidades o acciones más que como rasgos de personalidad y que en general son las del individuo maduro social y emocionalmente.

A manera de conclusión, quiero apuntar como un mensaje para los líderes de las organizaciones, para los consultores o estudiantes de pos-grados de negocios, que la idea de pensar en tener que adoptar o tener las características de moda que promueve el estilo de liderazgo en boga, es simplemente absurda. La personalidad de los individuos y su moral son parte de su desarrollo individual y es muy complicado que cambien por completo.

Por otra parte, el tipo de proceso y la cantidad de trabajo tampo-co son cosas que necesariamente dependen solamente de los líderes, hay aspectos que aún no pueden ser cambiados y que son parte de una realidad que hay que aceptar y afrontar. Realizar vuelos en avión ine-vitablemente generará jet lag o fatiga a quienes trabajan sirviendo a los pasajeros, ser policía aún es un trabajo peligroso, ser médico o docente siguen siendo (aún con la virtualidad) un trabajo demandante que im-plica atender personas.

Quienes desempeñan roles de liderazgo en las organizaciones ac-tuales, tienen frente a sí mismos, primero la posibilidad de ser ellos mismos, desarrollarse en los términos y límites que su propia perso-nalidad, gustos y moralidad les permitan. La autenticidad como parte de la personalidad adulta madura, también implica aceptarnos como somos y valorarnos de esa manera. Este libro apunta hacia eso, ser transparente se obtiene de ser consciente de mí mismo, de mis caren-cias y mis fortalezas, sólo así puedo pensar de forma saludable en mi propio crecimiento y el de mi equipo de trabajo.

El mundo de las organizaciones necesita mas personas que ayuden a los demás a mantenerse integrados, a estimular críticamente el pensamiento y la creatividad, a construir la responsabilidad de los actos propios y del impacto que tienen nuestras acciones sobre los demás, a autorregularnos no sólo por lo que los otros experimenten, sino también por autocuidado de la propia salud.

Un líder puede ser saludable, por los efectos que crea en los individuos a su alrededor y en su cultura organizacional. Un líder puede facilitar la salud mental positiva en los que lo rodean y mejorar de forma creativa y productiva el desempeño del conjunto de personas que forman la organización.

Un líder puede crear efectos enormes, pero no olvidar que también es un miembro de la organización, y que tiene un papel muy importante para transmitir cultura, valores, ejemplos y aumentar en los demás la creencia de que es posible equilibrar trabajo, crecimiento y bienestar.

REFERENCIAS DEL CAPÍTULO 1

Andrews, S. B., Basler, C. R., & Coller, X. (2002). Redes, cultura, e identidad en las organizaciones. Reis, 31-56.

Averill, J. R. (1973). Personal control over aversive stimuli and its relationship to stress. Psychological bulletin, 80(4), 286.

Bakker, A. B., & Albrecht, S. (2018). Work engagement: current trends. Career Development International, 23(1), 4-11.

Bakker, A. B., & Demerouti, E. (2017). Job demands–resources theory: Taking stock and looking forward. Journal of Occupational Health Psychology, 22(3), 273.

Bakker, A. B., Rodríguez-Muñoz, A., & Derks, D. (2012). La emergencia de la psicología de la salud ocupacional positiva. Psicothema, 24(1), 66-72.

Bakker, A. B., Rodríguez-Muñoz, A., & Derks, D. (2012). La emergencia de la psicología de la salud ocupacional positiva. Psicothema, 24(1), 66-72.

Beehr, T. A., & Gupta, N. (1987). Organizational management styles, employee supervisory status, and employee responses. Human Relations, 40(1), 45-57.

Belias, D., Koustelios, A., Sdrolias, L., & Aspridis, G. (2015). Job satisfaction, role conflict and autonomy of employees in the Greek banking organization. Procedia-Social and Behavioral Sciences, 175, 324-333.

Blanch, J. M., & Cantera, L. M. (2009). El malestar en el empleo temporal involuntario. Revista de Psicología del Trabajo y de las Organizaciones, 25(1), 59-70.

Bliese, P. D., Edwards, J. R., & Sonnentag, S. (2017). Stress and well-being at work: A century of empirical trends reflecting theoretical and societal influences. Journal of Applied Psychology, 102(3), 389.

Blok, M. M., Groenesteijn, L., Schelvis, R., & Vink, P. (2012). New ways of working: does flexibility in time and location of work change work behavior and affect business outcomes?. Work, 41(Supplement 1), 2605-2610.

Bosch, G. (1999). Working time: Tendencies and emerging issues. Int'l Lab. Rev., 138, 131.

Buck, V. E. (1972). Working under pressure. Crane Russak & Company, Incorporated.

Burke, R. J., & Cooper, C. L. (Eds.). (2008). Long Work Hours Culture: Causes, Consequences and Choices. Emerald Group Publishing.

Calderón Mafud, J. L. (2016). SOCIALIZACIÓN Y COMPROMISO ORGANIZACIONAL: UNA REVISIÓN A PARTIR DEL BIENESTAR LABORAL. Enseñanza e Investigación en Psicología, 21(3).

Calderón Mafud, J. L., Laca Arocena, F. A., Pando Moreno, M., & Pedroza Cabrera, F. J. (2015). Relationship Between Mexican Workers' Organizational Socialization and Commitment. Psicogente, 18(34), 267-277.

Ccollana-Salazar, Y. (2017). Rotación del personal, absentismo laboral y productividad de los trabajadores. San Martín Emprendedor, 6(2), 40-49.

Christensen, K. E., & Staines, G. L. (1990). Flextime: A viable solution to work/family conflict?. Journal of Family issues, 11(4), 455-476.

Christensen, K. E., & Staines, G. L. (1990). Flextime: A viable solution to work/family conflict?. Journal of Family issues, 11(4), 455-476.

Collings, D. G., Scullion, H., & Vaiman, V. (2015). Talent management: Progress and prospects.

Collings, D. G., Scullion, H., & Vaiman, V. (2015). Talent management: Progress and prospects.

Cooper y Jackson, 1997

Dunham, R. B., Pierce, J. L., & Castaneda, M. B. (1987). Alternative work schedules: Two field quasi-experiments. Personnel Psychology, 40(2), 215-242.

Dunham, R. B., Pierce, J. L., & Castaneda, M. B. (1987). Alternative work schedules: Two field quasi-experiments. Personnel Psychology, 40(2), 215-242.

Figueiredo-Ferraz, H., Gil-Monte, P. R., & Olivares-Faúndez, V. E. (2015). Influence of mobbing (workplace bullying) on depressive symptoms: a longitudinal study among employees working with people with intellectual disabilities. Journal of intellectual disability research, 59(1), 39-47.

Fisher, S. (2015). Stress and strategy. Routledge.

Ganster, D. C., & Fusilier, M. R. (1989). Control in the workplace. International review of industrial and organizational psychology, 4, 235-280.

Ganster, D. C., Schaubroeck, J., Sime, W. E., & Mayes, B. T. (1990, August). Unhealthy leader dispositions, work group strain and performance. In Academy of Management Proceedings (Vol. 1990, No. 1, pp. 191-195). Briarcliff Manor, NY 10510: Academy of Management.

García Guzmán, B. (2010). Inestabilidad laboral en México: el caso de los contratos de trabajo. Estudios demográficos y urbanos, 25(1), 73-101.

Gordon, D. R., Jauregui, M., & Schnall, P. L. (2018). Stakeholder perspectives on work and stress: Seeking common ground. In Unhealthy Work (pp. 173-192). Routledge.

Griffeth, R. W., & Hom, P. W. (2001). Retaining valued employees. Sage Publications.

Hackman, J. R., Oldham, G., Janson, R., & Purdy, K. (1975). A new strategy for job enrichment. California Management Review, 17(4), 57-71.

Hansen, Å. M., Garde, A. H., Nabe-Nielsen, K., Grynderup, M. B., & Høgh, A. (2018). Health Consequences of Workplace Bullying: Physiological Responses and Sleep as Pathways to Disease. Pathways of Job-related Negative Behaviour, 1-25.

Hoel, H., & Cooper, C. L. (2000). Destructive conflict and bullying at work. Manchester: Manchester School of Management, UMIST.

Hoel, H., Rayner, C., & Cooper, C. L. (1999). Workplace bullying. John Wiley & Sons Ltd.

Kivimäki, M., & Kawachi, I. (2015). Work stress as a risk factor for cardiovascular disease. Current cardiology reports, 17(9), 74.

Lobban, R. K., Husted, J., & Farewell, V. T. (1998). A comparison of the effect of job demand, decision latitude, role and supervisory style on self-reported job satisfaction. Work and Stress, 12, 337-350.

Lobban, R. K., Husted, J., & Farewell, V. T. (1998). A comparison of the effect of job demand, dicision latitude, role and supervisory style on self-reported job satisfaction. Work & Stress, 12(4), 337-350.

Luthans, F., Luthans, K. W., & Luthans, B. C. (2004). Positive psychological capital: Beyond human and social capital.

Luthans, F., Luthans, K. W., & Luthans, B. C. (2004). Positive psychological capital: Beyond human and social capital.

Maddison, A. (1995). Monitoring the world economy, 1820-1992(p. 238). Paris: Development Centre of the Organisation for Economic Co-operation and Development.

Meyer, J. P., & Allen, N. J. (1991). A three-component conceptualization of organizational commitment. Human resource management review, 1(1), 61-89.

Miller, 1979

Nijp, H. H., Beckers, D. G., van de Voorde, K., Geurts, S. A., & Kompier, M. A. (2016). Effects of new ways of working on work hours and work location, health and job-related outcomes. Chronobiology international, 33(6), 604-618.

OCDE, 1999 Empleadors tiempo de trabajo

Oramas Viera, S. S. (2013). El bienestar psicológico, un indicador positivo de la salud mental.

Orlikowski, W. J., Walsham, G., Jones, M. R., & DeGross, J. I. (Eds.). (2016). Information technology and changes in organizational work. Springer.

Pierce, J. L., & Newstrom, J. W. (1983). The design of flexible work schedules and employee responses: Relationships and process. Journal of Occupational Behaviour, 247-262.

Pierce, J. L., & Newstrom, J. W. (1983). The design of flexible work schedules and employee responses: Relationships and process. Journal of Occupational Behaviour, 247-262.

Poissonnet, C. M., & Véron, M. (2000). Health effects of work schedules in healthcare professions. Journal of clinical nursing, 9(1), 13-23.

Pollard, T. M. (2001). Changes in mental well-being, blood pressure and total cholesterol levels during workplace reorganization: The impact of uncertainty. Work & Stress, 15(1), 14-28.

Rabenu, E., Tziner, A., & Sharoni, G. (2017). The relationship between work-family conflict, stress, and work attitudes. International Journal of Manpower, 38(8), 1143-1156.

Repetti, R. L. (1993). Short-term effects of occupational stressors on daily mood and health complaints. Health Psychology, 12(2), 125.

Rosa, R. R., Colligan, M. J., & Lewis, P. (1989). Extended workdays: effects of 8-hour and 12-hour rotating shift schedules on performance, subjective alertness, sleep patterns, and psychosocial variables. Work & Stress, 3(1), 21-32.

Rose, N. E. (1995). Workfare or Fair Work: Women, Welfare, and Government Work Programs. Rutgers University Press, PO Box 5062, New Brunswick, NJ 08903-5062 (cloth: ISBN-0-8135-2232-3; paperback: ISBN-0-8135-2233-1)..

ROSSI, R. (2005). El hombre como ser social y la conceptualización de la salud mental positiva. Investigación en salud, 7(2).

Rossi, R. O. R. (2005). El hombre como ser social y la conceptualización de la salud mental positiva. Investigación en salud, 7(2), 105-111.

Siegrist, J. (2016). Effort-Reward Imbalance Model. In Stress: Concepts, Cognition, Emotion, and Behavior (pp. 81-86). Academic Press.

Siu, O. L., Cheung, F., & Lui, S. (2015). Linking positive emotions to work well-being and turnover intention among Hong Kong police officers: The role of psychological capital. Journal of happiness studies, 16(2), 367-380.

Thunnissen, M. (2016). Talent management: For what, how and how well? An empirical exploration of talent management in practice. Employee Relations, 38(1), 57-72.

Thunnissen, M. (2016). Talent management: For what, how and how well? An empirical exploration of talent management in practice. Employee Relations, 38(1), 57-72.

Uribe Prado, J. F., Patlán Pérez, J., & García Saisó, A. (2015). Manifestaciones psicosomáticas, compromiso y burnout como consecuentes del clima y la cultura organizacional: un análisis de ruta (path analysis). Contaduría y administración, 60(2), 447-467.

Vahtera, J., Kivimaki, M., & Pentti, J. (1997). Effect of organisational downsizing on health of employees. The Lancet, 350(9085), 1124-1128.

Worrall, L., & Cooper, C. L. (1998). Change, don't tell the boss. Mastering Management, Financial Times, London.).

Yu, X., Wang, P., Zhai, X., Dai, H., & Yang, Q. (2015). The effect of work stress on job burnout among teachers: The mediating role of self-efficacy. Social Indicators Research, 122(3), 701-708.

REFERENCIAS CAPÍTULO 2

Abarca A., B. y Díaz, D. (2005). El bienestar social: su concepto y medición. Psicothema, 17(4), 582-589. analysis. Journal of Applied Psychology, 87(3), 530-541.

Andrews, F. W., & Withey, S. B. (1976). S.(1976). Social Indicators Of Well-Being: Americans Perceptions Of Life Quality. New York: Plenus.

Aranda M., D.A. y Valverde C., V. (1998). Optimismo inteligente: psicología de las emociones positivas. México: Alianza Editorial. Madrid

Aranda-Beltrán, Carolina, Pando-Moreno, Manuel, Torres-López, Teresa, Salazar-Estrada, José, & Franco-Chávez, Sergio. (2005). Factores psicosociales y síndrome de burnout en médicos de familia. México. Anales de la Facultad de Medicina, 66(3), 225-231. Recuperado en 05 de noviembre de 2017, de http://www.scielo.org.pe/scielo.php?script=sci_arttext&pid=S1025-55832005000300006&lng=es&tlng=es.

Arvey, R.D., Carter, G.W. y Buerkely, D.R. (1991). Job satisfaction: Dispositional and situational influences. International Review of Industrial and Organizational Psychology, 6, 359-383.

Bakker, A. B., Schaufeli, W. B., Leiter, M. P., & Taris, T. W. (2008). Work engagement: An emerging concept in occupational health psychology. Work & Stress, 22(3), 187-200.

Blanch, J. M., Sahagún, M., Cantera, L., & Cervantes, G. (2010). Cuestionario de bienestar laboral general: estructura y propiedades psicométricas. Revista de Psicología del Trabajo y de las Organizaciones, 26(2), 157-170.

Calderón, G., Murillo, S., & Torres, K. (2003). *Cultura organizacional y bienestar cultural. Cuadernos de Administración Bogotá, 16(25), 109-137.*

Cameron, K. S., Freeman, S. J., & Mishra, A. K. (1991). *Best practices in white-collar downsizing: Managing contradictions. Academy of Management Perspectives, 5(3), 57-73.*

Díaz, D., & Abarca, A. B. (2005). *La relación del bienestar subjetivo, bienestar psicológico y bienestar social (coherencia social) con la salud. In Psicología social y problemas sociales(pp. 561-566). Biblioteca Nueva.*

Diener, E. (2000). *Subjective well-being: The science of happiness and a proposal for a national index. American psychologist, 55(1), 34.*

Diener, E., Oishi, S. y Lucas, R.E. (2003). *Personality, culture, and subjective well-being: Emotional and cognitive evaluations of life. Annual Review of Psychology, 54(1), 403-425.*

Fredrickson, B. L. (2013). *Positive emotions broaden and build. Advances in experimental social psychology, 47(1), 53.*

Garrido-Pinzón, J., Uribe-Rodríguez, A. F., & Blanch, J. M. (2011). *Riesgos psicosociales desde la perspectiva de la calidad de vida laboral. Acta Colombiana de Psicología, Vol. 14, no. 2 (jul.-dic. 2011); p. 27-34.*

Hernández, G. C., Galvis, S. M. M., & Narváez, K. Y. T. (2003). *Cultura organizacional y bienestar laboral. Cuadernos de administración, 16(25).*

Jahoda, M. (1958). *Current concepts of positive mental health.*

Judge, T. A., Heller, D., & Mount, M. K. (2002). *Five-factor model of personality and job satisfaction: A meta-analysis. Journal of applied psychology, 87(3), 530.*

Keyes, C. L. (2005). *Mental illness and/or mental health? Investigating axioms of the complete state model of health. Journal of consulting and clinical psychology, 73(3), 539.*

Keyes, C.L. y Waterman, M.B. (2003). *Dimensions of well-being and mental health in adulthood. En M. Bornstein, L. Davidson, C. L. Keyes y K. Moore (Eds.): Well-being: Positive development through-out the life course (pp. 477-497). Mahwah, NJ: Erlbaum.*

Luthans, F., Avolio, B. J., Avey, J. B., & Norman, S. M. (2007). *Positive psychological capital: Measurement and relationship with performance and satisfaction. Personnel psychology, 60(3), 541-572.*

Lluch Canut, M. (2000). *Construcción de una escala para evaluar la salud mental positiva. Universitat de Barcelona.*

Lluch, M. T. (2002). *Evaluación empírica de un modelo conceptual de salud mental positiva. Salud Mental, 25(4).*

Moreno, M. P. (2012). *Eugenesia laboral: salud mental positiva en el trabajo. Universidad Libre Seccional Cali.*

Moreno, M. P., Cortés, S. G. L., Baltazar, R. G., Rodríguez, M. G. A., & Rodríguez, L. F. L. (2015). *Validez y confiabilidad de la escala de salud mental positiva. Psicogente, 18(33).*

Nakamura, J., & Csikszentmihalyi, M. (2014). *The concept of flow. In Flow and the foundations of positive psychology (pp. 239-263). Springer Netherlands.*

Pando, M. Salud mental positiva. In: PANDO, M. et al. Eugenesia laboral: salud mental positiva en el trabajo. Cali: Universidad Libre Seccional Cali, 2012. p. 15-30.

Pando, M., Aranda, C., Parra, L., y Ruiz, D. (2013). Eugenesia Laboral: Salud Mental Positiva en el Trabajo. Colombia: Editorial Universidad Libre Seccional Cali, Colombia.

Pando, M., Aranda, C., Salazar, J. G., y Bermúdez, D. (2006). La salud mental positiva. Acosta Fernández et al.(2006). Factores psicosociales y salud mental en el trabajo. 86-103.

Pando, M., Franco, S. A., & SARAZ, S. (2006). Factores Psicosociales y salud mental en el trabajo. México, Editorial Universidad de Guadalajara.

Pando-Moreno, M., y Salazar-Estrada, J. G. (2007). Calidad de vida en el trabajo y la salud mental positiva. Evaluación e intervención psicosocial. Mollet del Vallès, Barcelona: Asociación de Expertos en Psicosociología Aplicada–AEPA, 81-109.

Rossi, R., y Oscar, R. R. (2005). El hombre como ser social y la conceptualización de la salud mental positiva. Investigación en salud, 7(2).

Ryan, R. M., & Deci, E. L. (2000). Self-determination theory and the facilitation of intrinsic motivation, social development, and well-being. American psychologist, 55(1), 68.

Ryff, C. D. (1989). Happiness is everything, or is it? Explorations on the meaning of psychological well-being. Journal of personality and social psychology, 57(6), 1069.

Ryff, C., & Singer, B. (2002). From social structure to biology. Handbook of positive psychology, 63-73.

Schaufeli, W., & Salanova, M. (2007). Work engagement. Managing social and ethical issues in

Taormina, G. R., & Gao, J. (2005). Effects of Organizational Socialization on Work Enthusiasm in Two Chinese Cultures. In 65th Annual Meeting of the Academy of Management, Honolulu, USA. Recuperado de http://umir. umac. mo/jspui/bitstream/123456789/15713/1/10492_Taormina (Vol. 20, p. 26).

Taormina, R. J. (1994). The organizational socialization inventory. International journal of selection and assessment, 2(3), 133-145.

Taormina, R. J. (1997). Organizational socialization: A multidomain, continuous process model. International Journal of S

Taormina, R. J. (2004). Convergent validation of two measures of organizational socialization. The International Journal of Human Resource Management, 15(1), 76-94.

Taormina, R. J. (2008). Interrelating leadership behaviors, organizational socialization, and organizational culture. Leadership & Organization Development Journal, 29(1), 85-102.

Vázquez, C. (2013). La psicología positiva y sus enemigos: Una réplica en base a la evidencia científica. Papeles del psicólogo, 34(2).

Vázquez, C., Hervás, G., Rahona, J. J., & Gómez, D. (2009). Bienestar psicológico y salud: Aportaciones desde la Psicología Positiva. Anuario de Psicología Clínica y de la Salud, 5, 15-28.

Vázquez-Colunga, J. C. (2017). Diseño, validez y fiabilidad de un instrumento multidimensional para medir la salud mental positiva ocupacional. 2017 (Doctoral dissertation,

Tesis (Doctorado Interinstitucional en Psicología)-Centro Universitario de Ciencias de la Salud, Universidad de Guadalajara, México, DF, 2017.[Links]).

Vázquez-Colunga, J. C., Pando-Moreno, M., Colunga-Rodríguez, C., Preciado-Serrano, M. D. L., Orozco-Solís, M. G., Ángel-González, M., & Vázquez-Juárez, C. L. (2017). Occupational Positive Mental Health: proposal of a theoretical model for the positive approach of mental health at work. Saúde e Sociedade, 26(2), 584-595.

Wanous, J. P. (1992). Organizational entry: Recruitment, selection, orientation, and socialization of newcomers. Prentice Hall.

Warr, P., & Inceoglu, I. (2012). Job engagement, job satisfaction, and contrasting associations with person–job fit. Journal of occupational health psychology, 17(2), 129.

Watson, D. y Tellegen, A. (1985). Toward a consensual structure of the mood. Psychological Bulletin, 98, 219 235.

Witte, H. D. (1999). Job insecurity and psychological well-being: Review of the literature and exploration of some unresolved issues. European Journal of work and Organizational psychology, 8(2), 155-177.

Wood, R., & Bandura, A. (1989). Social cognitive theory of organizational management. Academy of management Review, 14(3), 361-384.

World Health Organization. (1986). The Ottawa charter for health promotion: first international conference on health promotion, Ottawa, 21 November 1986. Geneva: WHO.

REFERENCIAS CAPÍTULO 3

Anakwe, U. P., & Greenhaus, J. H. (1999). Effective socialization of employees: Socialization content perspective. Journal of Managerial Issues, 315-329.

Andrews, S. B., Basler, C. R., & Coller, X. (2002). Redes, Cultura E Identidad En Las Organizaciones. Reis (Revista Española De Investigaciones Sociológicas), 31-56.

Autry, C. W., & Daugherty, P. J. (2003). Warehouse Operations Employees: Linking Person-Organization Fit, Job Satisfaction, and Coping Responses. Journal of Business Logistics, 24(1), 171-197.

Bandura, A. (1986). Social Foundations of Thought and Action: A Social Cognitive Theory.

Bandura, A. (1989). Human Agency in Social Cognitive Theory. American Psychologist, 44(9), 1175-1184.

Bandura, A. (1997). Self-Efficacy: The Exercise of Control. Worth Publishers.

Bar-Haim, A. (2007). Rethinking Organizational Comittment In Relation To Perceived Organizational Power And Perceived Employment Alternatives. International Journal Of Cross Cultural Management, 203-217.

Berger, C. J., & Cummings, L. L. (1979). Organizational structure, attitudes, and behaviors. In B. M. Staw (Ed.), Research in organizational behavior (Vol. 1, pp. 169–208). Greenwich, CT: JAI Press.

Blau, G. (1988). An investigation of the apprenticeship organizational socialization strategy. Journal of Vocational Behavior, 32(2), 176-195.

Buchanan, B. (1974). Building organizational commitment: The socialization of mana-

gers in work organizations. *Administrative science quarterly*, 533-546.

Calderón, J., Laca, F., Pando, M., & Pedroza, F. (2015). *Relación de la socialización organizacional y el compromiso organizacional en trabajadores mexicanos. Psicogente, 18 (34)*, 267-277.

Chen, G., Ployhart, R. E., Thomas, H. C., Anderson, N., & Bliese, P. D. (2011). *The Power of Momentum: A New Model of Dynamic Relationships between Job Satisfaction Change and Turnover Intentions. Academy Of Management Journal, 54(1)*, 159-181.

DeChurch, L. A., & Mesmer-Magnus, J. R. (2010). *The cognitive underpinnings of effective teamwork: A meta-analysis. Journal of applied Psychology, 95(1)*, 32.

Delgado Abella, L. E., & Forero Aponte, C. (2004). *Estado Del Arte De Las Investigaciones Sobre Factores Psicológicos En La Cultura Organizacional, Realizadas En Facultades De Psicología De Bogotá Adscritas A Ascofapsi (1998-2003). Acta Colombiana de Psicología*, 81-96.

DiMaggio, P. J. (1995). *Comments on" What theory is not". Administrative Science Quarterly*, 391-397.

Falcione, R. L., y Wilson, C. E. (1988). *Socialization Processes in Organizations. In G. M. Goldhaber & G. A. Barnett (Eds.), Handbook of Organizational Communication (Pp. 151–169). Norwood, Nj: Ablex.*

Fang, R., Duffy, M. K., & Shaw, J. D. (2011). *The Organizational Socialization Process: Review and Development of a Social Capital Model. Journal of Management, 37(1)*, 127-152.

Feldman D.C. (1981). *The Multiple Socialization of Organization Members. Academy Of Management Review, 6, 309-316. Doi:10.5465/Amr.1981.4287859*

Feldman D.C. (1981). *The Multiple Socialization of Organization Members. Academy Of Management Review, 6, 309-316. Doi:10.5465/Amr.1981.4287859*

Feldman D.C. (1989). *Socialization, Resocialization and Training: Reshaping the Research Agenda. En I Goldstein (Ed.), Training and Development in Organizations (Pp. 376-416). San Francisco, Ca: Jossey-Bass.*

Feldman, D. C. (1997). *Socialization in an international context. International Journal of Selection and Assessment, 5(1)*, 1-8.

Furnham, A. (2001). *Psicología Organizacional. El Comportamiento del Individuo en las Organizaciones. México: Oxford University Press.*

Hartenian, L. S., Hadaway, F. J., & Badovick, G. J. (2011) *Antecedents and Consequences of Role Perceptions: A Path Analytic Approach. Journal of Applied Business Research (Jabr), 10(2)*, 40-50.

Hofstede, G. (1980). *Culture and organizations. International Studies of Management & Organization*, 15-41.

Jones, G. R. (1986). *Socialization Tactics, Self-Efficacy, and Newcomers' adjustments to Organizations. Academy of Management Journal, 29(2)*, 262-279.

Lisbona, A., Morales, J. F., & Palací, F. J. (2009). *El engagement como resultado de la socialización organizacional. International Journal of Psychology and Psychological Therapy, 9(1)*, 89-100.

Louis, M. R. (1980). *Surprise and Sense Making: What Newcomers Experience In Entering Unfamiliar Organizational Settings*. Administrative Science Quarterly, 226-251.

Meyer, J. P., Allen, N. J., & Topolnytsky, L. (1998). *Commitment in A Changing World Of Work*. Canadian Psychology, 82.

Milliken, F. J. (1987). *Three types of perceived uncertainty about the environment: State, effect, and response uncertainty*. Academy of Management review, 12(1), 133-143.

Morrison, E. W. (1993). *Longitudinal study of the effects of information seeking on newcomer socialization*. Journal of applied psychology, 78(2), 173.

Organizational Commitment. Human Resource Management Review, 61-89.

Ostroff C y Kozlowski Sw (1992). *Organizational Socialization as a Learning Process: The Role of Information Acquisition*. Personnel Psychology, 45, 849-874.

Ouchi, W. G., & Wilkins, A. L. (1985). *Organizational Culture*. Annual Review of Sociology, 457-483.

Pinazo D, Gracia F y Carrero V (2000). *Estudio Longitudinal Cruzado Del Desajuste De Expectativas Y Las Respuestas Proactivas De Adaptación Laboral*. Anales De

Pinazo-Calatayud, D. (2006). *Conducta proactiva en situaciones de incertidumbre cultural y situacional*. Revista de Psicología del Trabajo y de las Organizaciones, 22(2), 133-149.

Pinazo-Calatayud, D. (2006). *Conducta proactiva en situaciones de incertidumbre cultural y situacional*. Revista de Psicología del Trabajo y de las Organizaciones, 22(2), 133-149.

Sánchez, J. C., Lanero, A., Yurrebaso, A., & Tejero, B. (2007). *Cultura y desfases culturales de los equipos de trabajo: implicaciones para el compromiso organizacional*. Psicothema, 19(2), 218-224.

Sarchielli, G. (1987). *La Incorporación al Trabajo: Un Momento Crítico en el Proceso de Socialización Laboral de los Jóvenes*. En Jm Peiró Y D Moret (Eds.), *La Socialización Laboral Y El Desempleo Juvenil: La Transición De La Escuela Al Trabajo* (Pp. 102-125). Valencia: Nau Llibres

Schein Eh (1978). *Career Dynamics: Matching Individual and Organizational Needs*. Reading, Ma: Addison-Wesley.

Schein, E. H. (1992). *Organizational Culture and Leadership*. San Francisco, California, Usa: Jossey-Bass Inc. Publishers.

Schmidt, S. W. (2010). *The Relationship between Job Training and Job Satisfaction: A Review of Literature*. International Journal of Adult Vocational Education and Technology (Ijavet), 1(2), 19-28.

Thomas Hd Y Anderson N (2005). *Organizational Socialization: A Field Study into Socialization Success and Rate*. International Journal of Selection and Assessment, 13, 116-128.

Thomas, H. D., & Anderson, N. (1998). *Changes in newcomers' psychological contracts during organizational socialization: A study of recruits entering the British Army*. Journal of Organizational Behavior: The International Journal of Industrial, Occupational and Organizational Psychology and Behavior, 19(S1), 745-767.

Tierney, P., Bauer, T. N., & Potter, R. E. (2002). Extra-role behavior among Mexican employees: the impact of LMX, group acceptance, and job attitudes. International Journal of Selection and Assessment, 10(4), 292-303.

Toca Torres, C. E., & Carrillo Rodríguez, J. (2009). Asuntos Teóricos Y Metodológicos De La Cultura Organizacional. Civilizar, 117-135.

Topa Cantisano, G., Lisbona Bañuelos, A., Palaci Decals, F., & Alonso Emo, E. (2004). La Relación De La Cultura De Los Grupos Con La Satisfacción Y El Compromiso De Sus Miembros: Un Análisis Multi-Grupo. Psicothema, 16 (003), 363-368.

Van Maanen, J., & Schein, E. H. (1979). Toward a theory of organizational socialization (Vol. 1).

Wanous Jp (1992). Organizational Entry: Recruitment, Selection, Orientation and Socialization Newcomers. Reading, Ma: Addison-Wesley

Wood, R., & Bandura, A. (1989). Impact of conceptions of ability on self-regulatory mechanism and complex decision-making. Journal of Personality and Social Psychology, 56 (3), 407-415

REFERENCIAS CAPÍTULO 4

Achua, C. F., & Lussier, R. N. (2002). Small-town merchants are not using the recommended strategies to compete against national discount chains: A Prescriptive Vs. Descriptive Study. Journal of Small Business Strategy, 13(1), 80-87.

Aguilar-Bustamante, M., y Correa-Chica, A. (2017). Análisis de las variables asociadas al estudio del liderazgo: una revisión sistemática de la literatura. Universitas Psychologica, 16 (1), 1-13.

Amunkete, S., & Rothmann, S. (2015). Authentic leadership, psychological capital, job satisfaction and intention to leave in state-owned enterprises. Journal of Psychology in Africa, 25(4), 271-281.

Aranda-Beltrán, Carolina, Pando-Moreno, Manuel, Torres-López, Teresa, Salazar-Estrada, José, & Franco-Chávez, Sergio. (2005). Factores psicosociales y síndrome de burnout en médicos de familia. México. Anales de la Facultad de Medicina, 66(3), 225-231. Recuperado en 05 de noviembre de 2017, de http://www.scielo.org.pe/scielo.php?script=sci_arttext&pid=S1025-55832005000300006&lng=es&tlng=es.

Ashforth, B. E., Sluss, D. M., & Harrison, S. H. (2007). Socialization in organizational contexts. International review of industrial and organizational psychology, 22, 1.

Avolio, B. J., & Bass, B. M. (2004). Multifactor leadership questionnaire (MLQ). Mind Garden, 29.

Avolio, B. J., & Gardner, W. L. (2005). Authentic leadership development: Getting to the root of positive forms of leadership. The leadership quarterly, 16(3), 315-338.

Avolio, B. J., Gardner, W. L., Walumbwa, F. O., Luthans, F., & May, D. R. (2004). Unlocking the mask: A look at the process by which authentic leaders impact follower attitudes and behaviors. The leadership quarterly, 15(6), 801-823.

Baker, W., & Dutton, J. E. (2007). Enabling positive social capital in organizations. Exploring positive relationships at work: Building a theoretical and research foundation, 325345.

Banaji, M. R., & Prentice, D. A. (1994). The self in social contexts. Annual review of psychology, 45(1), 297-332.

Bandura, A. (1990). Perceived self-efficacy in the exercise of personal agency. Journal of applied sport psychology, 2(2), 128-163.

Bass, B. M. (1985). Leadership: Good, better, best. Organizational dynamics, 13(3), 26-40.

Bass, B. M., & Avolio, B. J. (1990). Developing transformational leadership: 1992 and beyond. Journal of European industrial training, 14(5).

Blanch, J., Gil, F., Antino, M., & Rodríguez-Muñoz, A. (2016). Positive leadership models: Theoretical framework and research. Psychologist Papers, 37(3), 170-176.

Bono, J. E., & Judge, T. A. (2004). Personality and transformational and transactional leadership: a meta-analysis. Journal of applied psychology, 89(5), 901.

Brown, M. E., Treviño, L. K., & Harrison, D. A. (2005). Ethical leadership: A social learning perspective for construct development and testing. Organizational behavior and human decision processes, 97(2), 117-134.

Burke, R. J., & Cooper, C. L. (Eds.). (2006). Reinventing HRM: Challenges and new directions. Routledge.

Burns, G. P. (1978). The Principles of Leadership.

Castro, A., & Lupano, M. (2005). Diferencias individuales en las teorías implícitas del liderazgo y la cultura organizacional percibida. Boletín de Psicología, 85, 89-109.

Contreras Torres, F., & Barbosa Ramírez, D. (2013). Del liderazgo transaccional al liderazgo transformacional: implicaciones para el cambio organizacional. Revista virtual universidad católica del norte, 2(39), 152-164.

Contreras, F. (2008). LIDERAZGO: PERSPECTIVAS DE DESARROLLO E INVESTIGACIÓN. International Journal of Psychological Research, 1 (2), 64-72.

Cruz-Ortiz, V., Salanova, M., & Martínez, I. M. (2013). Liderazgo transformacional: investigación actual y retos futuros. Universidad & Empresa, 15(25), 13-32.

Delgado Torres, N. A., & Delgado Torres, D. (2003). El líder y el liderazgo: reflexiones. Revista Interamericana de Bibliotecología, 26(2).

Demerouti, E., Bakker, A. B., Nachreiner, F., & Schaufeli, W. B. (2001). The job demands-resources model of burnout. Journal of Applied psychology, 86(3), 499.

Dirks, K. T., & Ferrin, D. L. (2002). Trust in leadership: meta-analytic findings and implications for research and practice.

Edú, Valsania, Moriano León, Molero Alonso, y Topa Cantisano, 2012 Election and Assessment, 5(1), 29-47.

Erickson, R. J. (1995). The importance of authenticity for self and society. Symbolic interaction, 18(2), 121-144.

Fernández, M. C., & Quintero, N. (2017). Liderazgo transformacional y transaccional en emprendedores venezolanos. Revista Venezolana de Gerencia, 22(77).

Fernández-Montesinos, F. A. (2017). *Reflexiones sobre liderazgo estratégico militar del siglo XXI. Aspectos del liderazgo estratégico: cualidades (I). bie3: Boletín IEEE, (6),* 200-218.

Ferrer Soto, J., Colmenares Acevedo, F., & Clemenza, C. (2010). *Un líder ético para el cambio: plataforma de gestión estratégica en Instituciones Universitarias. Revista de Ciencias Sociales, 16(4),* 642-653.

Gardner, W. L., Avolio, B. J., Luthans, F., May, D. R., & Walumbwa, F. (2005). *"Can you see the real me?" A self-based model of authentic leader and follower development. The Leadership Quarterly, 16(3),* 343-372.

George, J. M. (2000). *Emotions and leadership: The role of emotional intelligence. Human relations, 53(8),* 1027-1055.

Gil, F., Alcover, C., Rico, R., y Sánchez-Manzanares, M. (2011). *Nuevas formas de liderazgo en equipos de trabajo. Papeles del psicólogo. 32(1).*

de Graterol, E. M., & de Lorbes, M. A. M. (2008). *El liderazgo ético en organizaciones postmodernas. Revista de artes y humanidades UNICA, 9(22),* 59-78.

Hall, R. H. (1996). *Estructuras, procesos y resultados. México: PHI.*

Ilies, R., Morgeson, F. P., & Nahrgang, J. D. (2005). *Authentic leadership and eudaemonic well-being: Understanding leader–follower outcomes. The Leadership Quarterly, 16(3),* 373-394.

Jahoda, M. (1958). *Current concepts of positive mental health.*

Judge, T. A., & Piccolo, R. F. (2004). *Transformational and transactional leadership: a meta-analytic test of their relative validity. Journal of applied psychology, 89(5),* 755.

Kammeyer-Mueller, J. D., & Wanberg, C. R. (2003). *Unwrapping the organizational entry process: disentangling multiple antecedents and their pathways to adjustment. Journal of Applied Psychology, 88(5),* 779.

Katz, R. (1983). *Organizational stress and early socialization experiences. Massachusetts Institute of Technology.*

Kernis, M. H. (2003). *Toward a conceptualization of optimal self-esteem. Psychological inquiry, 14(1),* 1-26.

Lewin, K., Lippitt, R., & White, R. K. (1939). *Patterns of aggressive behavior in experimentally created "social climates". The Journal of social psychology, 10(2),* 269-299.

Luthans, F., Avey, J. B., Avolio, B. J., Norman, S. M., & Combs, G. M. (2006). *Psychological capital development: toward a micro-intervention. Journal of organizational behavior, 27(3),* 387-393.

Luthans, F., Avolio, B. J., Avey, J. B., & Norman, S. M. (2007). *Positive psychological capital: Measurement and relationship with performance and satisfaction. Personnel psychology, 60(3),* 541-572.

Luthans, F., Norman, S., & Hughes, L. (2006). *Authentic leadership. Inspiring leaders,* 84-104.

Maak, T., & Pless, N. M. (2006). *Responsible leadership in a stakeholder society–a relational perspective. Journal of business ethics, 66(1),* 99-115.

May, D. R., Chan, A. Y., Hodges, T. D., & Avolio, B. J. (2003). *Developing the moral component of authentic leadership*. Organizational dynamics.

McKinnon, J. L., Harrison, G. L., Chow, C. W., & Wu, A. (2003). *Organizational culture: Association with commitment, job satisfaction, propensity to remain, and information sharing in Taiwan*. International journal of business studies, 11(1), 25.

Mendoza Torres, Martha Ruth, & Ortiz Riaga, Carolina (2006). *El Liderazgo Transformacional, Dimensiones e Impacto en la Cultura Organizacional y Eficacia de las Empresas*. Revista de la Facultad de Ciencias Económicas: Investigación y Reflexión, XIV(1),118-134.[fecha de Consulta 11 de Enero de 2020]. ISSN: 0121-6805. Disponible en: https://www.redalyc.org/articulo.oa?id=909/90900107

Meyer, J. P., & Allen, N. J. (1984). *Testing the" side-bet theory" of organizational commitment: Some methodological considerations*. Journal of applied psychology, 69(3), 372.

Meyer, J. P., Allen, N. J., & Topolnytsky, L. (1998). *Commitment in a changing world of work*. Canadian Psychology/Psychologie canadienne, 39(1-2), 83.

Molero, F. A., Recio, P. S., & Cuadrado, I. G. (2010). *Transformational and transactional leadership: An analysis of the factor structure of the Multifactor Leadership Questionnaire (MLQ) in a Spanish sample*. Psicothema, 22(3), 495-501.

Nader, M. (2009). *Relación entre los estilos de liderazgo, valores y cultura organizacional: un estudio con líderes civiles y militares*. Anuario de psicología/The UB Journal of psychology, 40(2), 237-254.

Pérez-Ortega, G., Jiménez-Valdés, G. L., & Romo-Morales, G. (2017). *Caracterización del liderazgo transformacional de los directivos de instituciones de educación superior. Caso de estudio en una universidad del departamento de Antioquia (Colombia)*. Entramado, 13(1), 48-61.

Peterson, S. J., Walumbwa, F. O., Avolio, B. J., & Hannah, S. T. (2012). *RETRACTED: The relationship between authentic leadership and follower job performance: The mediating role of follower positivity in extreme contexts*.

Reichers, A. E. (1987). *An interactionist perspective on newcomer socialization rates*. Academy of management review, 12(2), 278-287.

Robins, G., & Boldero, J. (2003). *Relational discrepancy theory: The implications of self-discrepancy theory for dyadic relationships and for the emergence of social structure*. Personality and social psychology review, 7(1), 56-74.

Ryan, R. M., & Deci, E. L. (2000). *Self-determination theory and the facilitation of intrinsic motivation,*

Slavin, S. J., Schindler, D., Chibnall, J. T., Fendell, G., & Shoss, M. (2012). *PERMA: A model for institutional leadership and culture change*. Academic Medicine, 87(11), 1481.

Stahl, G. K., & Sully de Luque, M. (2014). *Antecedents of responsible leader behavior: A research synthesis, conceptual framework, and agenda for future research*. Academy of Management Perspectives, 28(3), 235-254.

Stewart, M. M., & Johnson, O. E. (2009). *Leader—Member exchange as a moderator of the relationship between work group diversity and team performance*. Group & Organization Management, 34(5), 507-535.

Thieme, C., & Treviño, E. (2012). Liderazgo en Educación: Al final sólo el carisma importa. Espacio abierto, 21(1).

Vázquez Alatorre, A. (2013). Interdependencia entre el liderazgo transformacional, cultura organizacional y cambio educativo: una reflexión. REICE. Revista Electrónica Iberoamericana sobre Calidad, Eficacia y Cambio en Educación.

Waldman, D. A., & Siegel, D. (2008). Defining the socially responsible leader. The Leadership Quarterly, 19(1), 117-131.

Waldman, D. A., Ramirez, G. G., House, R. J., & Puranam, P. (2001). Does leadership matter? CEO leadership attributes and profitability under conditions of perceived environmental uncertainty. Academy of management journal, 44(1), 134-143.

Waldman, D. A., Ramirez, G. G., House, R. J., & Puranam, P. (2001). Does leadership matter? CEO leadership attributes and profitability under conditions of perceived environmental uncertainty. Academy of management journal, 44(1), 134-143.

Wallach, E. J. (1983). Individuals and organizations: The cultural match. Training & Development Journal.

Walumbwa, F. O., Avolio, B. J., Gardner, W. L., Wernsing, T. S., & Peterson, S. J. (2008). Authentic leadership: Development and validation of a theory-based measure. Journal of management, 34(1), 89-126.

Walumbwa, F. O., Avolio, B. J., Gardner, W. L., Wernsing, T. S., & Peterson, S. J. (2008). Authentic leadership: Development and validation of a theory-based measure. Journal of management, 34(1), 89-126.

Walumbwa, F. O., Wang, P., Wang, H., Schaubroeck, J., & Avolio, B. J. (2010). Retracted: Psychological processes linking authentic leadership to follower behaviors. The Leadership Quarterly, 21(5), 901-914.

Wanous, J. P. (1992). Organizational entry: Recruitment, selection, orientation, and socialization of newcomers. Prentice Hall.

Wong, C. A., & Laschinger, H. K. (2013). Authentic leadership, performance, and job satisfaction: the mediating role of empowerment. Journal of advanced nursing, 69(4), 947-959.

Yukl, G. (2009). Leading organizational learning: Reflections on theory and research. The leadership quarterly, 20(1), 49-53.